le tour du monde
avec cinq francs

(OU UN DOLLAR CANADIEN)

le tour du monde avec cinq francs

(OU **UN** DOLLAR CANADIEN)

par Bernard Grimot

ÉDITIONS DU JOUR
1651, rue St-Denis, Montréal · Canada

ÉDITIONS VOYAGES 2000
10, rue Diderot, 38000 Grenoble · France

A Serge Beucler,
en toute amitié.
A toutes les personnes
qui... pendant ce voyage !

B. G.

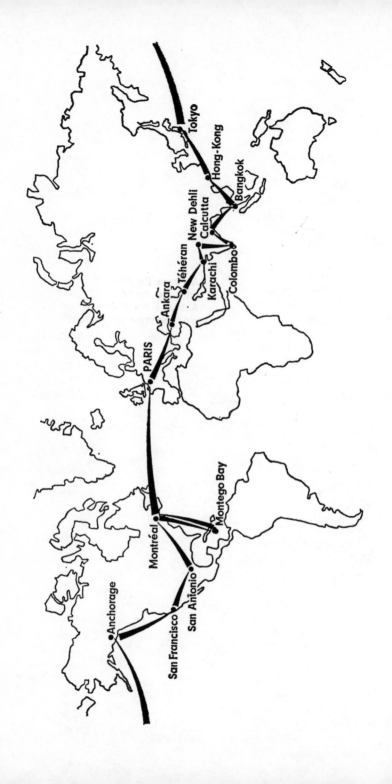

Certains ont peut-être lu un roman relatant les aventures de Lavarède qui essayait de faire le tour du monde avec 5 sous. Ce fut une de mes lectures de jeunesse préférées, de celles qui font rêver : un voyage autour du monde ! Et avec 5 sous !

Je tiens donc à vous expliquer pour quels motifs j'ai voulu vivre cette aventure avec seulement 5 francs en poche et écrire ce livre.

Employé par la Compagnie Air-France depuis 1967 à l'Aéroport de Lyon, pendant 4 ans j'ai préparé l'examen de pilote professionnel d'avion ; j'ai obtenu ma licence au début de l'année 1971 pour l'anniversaire de mes vingt-quatre ans. Air-France n'envisageait pas d'organiser un concours de pilote avant 1972, donc il me restait à attendre un an.

Au cours d'un dîner, mon ami Serge Beucler, directeur d'un magazine féminin [1] évoqua les nom-

---

(1) Le magazine demandera à ses lectrices de deviner ma position tous les mois de manière à donner encore plus d'intérêt au récit de mes aventures et des prix importants seront attribués aux gagnantes, dont un tour du monde offert par Air-France.

breux voyages que j'avais faits (à 17 ans le Proche-Orient, à 18 ans tous les pays d'Europe, à 21 ans l'Amérique Latine). Je lui parlai de la mise en disponibilité que j'avais demandée et obtenue, et il me mit au défi d'utiliser cette année d'inactivité à la manière de Lavarède : faire le tour du monde avec 5 francs.

Je pris définitivement ma décision entre le café et le cognac, et nous convînmes de la date du grand départ : le 2 juin 1971.

A l'origine, il s'agit donc d'un pari accepté sans hésitation, poussé par le goût des voyages et de l'aventure.

Je dois souligner ici la gentillesse des agents de la Compagnie Air-France et de l'A.F.P. [1] qui ont su m'apporter l'assistance qu'un Français hors de France souhaite obtenir : quelques heures ou quelques journées passées dans une famille « bien de chez nous ». Un bon repas avec une bonne bouteille de vin lorsqu'on est au Pakistan ou en Inde, quoi de plus merveilleux !

_____

(1) Agence France-Presse.

10

LA PRÉPARATION.

La préparation du voyage dure 3 semaines pendant lesquelles je choisis l'itinéraire et l'équipement adéquat, 3 semaines pendant lesquelles je m'octroie quelques repas plantureux en prévision des privations futures.

L'ITINÉRAIRE.

Il s'agit de partir de Paris vers l'Est, et de revenir par l'Ouest. Je pense donc passer par l'Allemagne, l'Autriche, la Yougoslavie, la Grèce, la Turquie, l'Iran, le Pakistan, l'Inde.

Après l'Inde, j'ai deux possibilités pour rejoindre la côte Ouest des Etats-Unis :

1°) Via le Sud du Pacifique, c'est-à-dire Singapour, l'Australie, la Nouvelle-Zélande, la Polynésie Française, puis Hawaï.

2°) Via la Thailande, Hong-Kong, le Japon et Hawaï.

Une fois arrivé en Californie, j'ai à nouveau deux possibilités :

1°) Descendre vers le Mexique, l'Amérique Centrale, l'Amérique du Sud, et revenir en France par l'Afrique.

2°) S'il me reste peu de temps (j'ai programmé ce tour du monde en 8 mois) traverser les Etats-Unis d'Ouest en Est, puis retour sur la France.

L'élasticité du parcours est due au fait que je dois partir de Paris sans aucun billet d'avion et le trajet sera fonction des circonstances de ce voyage. Bien qu'ayant droit à des transports gratuits du fait de mon appartenance à Air-France, je refuse toute assistance de la part de ma Compagnie car j'ai accepté les conditions du pari :

Je n'aurai AUCUN titre de transport, un passeport sans AUCUN visa, AUCUNE adresse sur le parcours projeté, mes 5 francs qu'il faudra présenter au retour, un sac à dos strictement conforme à la liste remise au départ : des vêtements d'été, un seul pull-over (car les étapes « froides » sont prévues au début de l'automne), un sac de couchage mais pas de tente, une trousse à pharmacie, une trousse de toilette contenant des produits en quantité suffisante pour le voyage, de la lecture, des cartes routières couvrant le parcours France-Inde, magnétophone appareil photo, divers accessoires tels que couteau, lampe de poche, fil-aiguilles-boutons, etc. L'ensemble pèse 32 kilos.

Dès mon départ, certains contestent l'intérêt que peut avoir un tel voyage.

Les personnes pensant qu'il s'agit d'une escroquerie, d'une méthode pour profiter de la générosité
ou de l'ignorance des gens, n'ont rien compris à
l'esprit de cette entreprise et n'auront qu'à lire autre
chose.

Les gens pensant qu'il s'agit d'une expérience
unique, d'une approche de personnes tellement
différentes et parfois étranges en même temps que
la réalisation d'un pari très difficile, je les invite à
vivre avec moi mon aventure :

Le Tour du Monde avec 5 francs.

Mercredi 2 juin.

Après avoir subi les recommandations de Serge Beucler, de son équipe et des représentants de la presse, on nous dépose Porte de Vincennes, moi, mon sac et mes 5 francs. Cet « impossible pari » m'effraie un peu, mais j'ai terriblement confiance.

En cette fin d'après-midi, il fait très beau à Paris, et même si je vois cette adorable ville pour la dernière fois, j'aurai au moins le souvenir d'un Paris noyé de soleil, dont je respire une dernière fois l'air. Ne riez pas, l'air de Paris a une odeur particulière, et je suis un peu comme Proust : non pas pédéraste, mais sensible aux odeurs (chacun connaît l'histoire de la madeleine).

Après deux heures d'attente, une voiture s'arrête.

Et ainsi, de Volkswagen en Estaffette, de 2 CV en camion, j'arrive à la première ville-étape : Colmar. Les réactions de mes auto-stoppés sont diverses : réprobateurs, indifférents, favorables, enthousiastes.

Les uns me traitent de parasite ou de fou (merci), les autres pensent que ce voyage peut être très enrichissant, et, de toute manière, suppose une bonne dose de débrouillardise et de savoir-faire.

Jeudi 3 juin - Vendredi 4 juin.

Deux jours passés chez un cousin qui ne m'aurait pas pardonné de quitter la France sans lui faire une petite visite.

Samedi 5 juin.

Je viens de passer ma première frontière (franco-allemande) avec un pincement au cœur. Mon petit Bernard, les dés sont jetés, à toi de jouer !

Mais pas d'impression d'isolement, comme si j'avais été brutalement parachuté sur une route de la Cordillère des Andes : l'Allemagne reste un pays assez semblable à la France.

Son excellent réseau d'autoroutes permet d'avaler rapidement les kilomètres, si bien que dès le soir je franchis la frontière germano-autrichienne. Le repas m'est offert par trois Allemandes charmantes qui, par ailleurs, me proposent de passer la soirée avec elles. Mais, pressé d'avancer, je refuse ces alléchantes propositions. A la frontière, un Italien travaillant en Allemagne me prend et me larguera dans les Alpes autrichiennes avec, en cadeau, un billet d'une livre anglaise, afin de pourvoir à mon dîner.

Par une nuit sans lune, je marche en direction d'un village du Tyrol situé à un kilomètre environ de l'intersection où l'on m'a déposé. Paysage grandiose, insolite, et très poétique avec ses immenses montagnes environnantes, le chant d'un hibou lançant ses incantations dans cette froide soirée, et le grondement sourd d'un torrent à proximité.

Une fois arrivé à destination, je vais chercher un peu de chaleur dans une Rasthaus. Pour ces paysans des montagnes venus danser, chanter, et boire au son de la tyrolienne après leur semaine de travail, je suis comme issu d'un rêve. Imaginez la tête de ces jeunes gens cravatés, sentant l'eau de Cologne, qui voient débarquer un inconnu vêtu d'un short, d'un pull-over et d'un bonnet, affublé d'un sac énorme : du coup je deviens l'homme de la soirée, donc leur chose ; chacun me veut pour lui tout seul et, au bout de quelques minutes, le barman m'apporte une batterie de verres qui représentent autant d'invitations.

Après avoir absorbé moult whisky, cognac et bière, les filles m'invitent à danser...

Essayez de danser en short dans une boîte à Paris, je vous assure que ça ne passe pas inaperçu !

Cette gentillesse spontanée, sentant bon l'edelweiss, contraste agréablement avec l'exubérance un peu lassante des habitants du bassin méditerranéen.

Dimanche 6 juin.

Il me faut quitter toute cette jeunesse, à regret, mais ayant prévu d'aller de France en Turquie en quatre jours, il ne s'agit pas de lambiner : déjà une heure du matin ! Je me sens dans une forme excellente et me livre à une petite marche sur les routes sinueuses du Tyrol.

Au bout d'une heure, aucune voiture n'est passée : froid, fatigue commencent à me gagner tandis que je parviens à un autre village où je décide de m'arrêter.

Encore cinq heures d'attente, dont deux de sommeil, ou plutôt de somnolence passées à l'intérieur d'une cabine téléphonique à l'abri d'un vent glacial. Ces quelques heures d'inconfort m'ont lessivé.

Enfin, une âme charitable : un jeune s'arrête, grand voyageur lui aussi. Le cours de la conversation nous emmène tantôt au Japon, tantôt en Amérique Centrale. Il me laisse près de la frontière Autriche-Yougoslavie après m'avoir offert un copieux breakfast.

Je franchis la frontière à pied, sac au dos. Un globe-trotter ne devant jamais avoir les yeux dans la poche, je remarque tout de suite, dans une voiture belge, un couple qui semble fort amusé par mon passage.

Et quelques instants plus tard, me voilà installé dans une voiture très confortable, en route pour Zagreb. Par intuition, je sentais bien qu'ils allaient plus loin (le flair de l'auto-stoppeur), mais il est préférable de demander la ville la plus proche et, chemin faisant, faire en sorte que l'auto-stoppé vous trouve sympathique et vous garde jusqu'à sa destination finale, en l'occurrence Belgrade.

Au contact de ce pays d'Europe orientale, je ressens maintenant un certain dépaysement. Les routes sont dans un état précaire, la circulation moins dense et la vie des villages pourrait être celle des villages de France d'il y a trente ans ; les maisons y sont très modestes, les femmes habillées de longues robes, chaussées de sabots, portent un foulard sur la tête ; on dépasse des chars tractés par de gros chevaux. Tout cela reflète une vie paisible, troublée par le passage des touristes qui, chez ces modestes gens, suscitent l'étonnement et peut-être un peu d'envie.

Lorsqu'on est sur l'axe Zagreb-Belgrade-Nis-Skopje qui traverse le pays d'Ouest en Est, on remarque l'effort fait pour l'accueil des touristes en l'espace de cinq ans : beaucoup d'hôtels, de restaurants, de stations-services jalonnent la route et les employés connaissent souvent quelques phrases d'anglais ou d'allemand. Le pourboire, catégoriquement refusé il y a quelques années, se trouve à présent « admis ». Chacun sait que la Yougoslavie commence à s'occidentaliser politiquement, le mouvement suit en ce qui concerne les prix, qui ont plus que doublé depuis mes séjours en 1964 et 1965, pour atteindre à présent le niveau des prix d'Europe occidentale.

Le soir, les Belges m'invitent gentiment à dîner, puis nous nous séparons ; me voilà donc près de Belgrade.

Je trouve tout de suite une correspondance pour la Grèce (je n'aurai pas eu à lever le pouce en Yougoslavie) : un couple gréco-suédois, jeune, sympa, parti un peu à l'aventure, mais avec toutefois plus de moyens que moi ; le soir ils dorment à l'hôtel et me confient la voiture pour y passer la nuit.

Lundi 7 juin.

On traverse Belgrade, ville triste et froide comme la plupart des villes de l'Europe socialiste, qui me fait penser au cheval de Magnitogorsk d'Aragon : « le paysage est à genoux dans le socialisme ».

Après Belgrade, le paysage se modifie progressivement : plat et verdoyant de Zagreb à Belgrade, il devient peu à peu montagneux et dépourvu de végétation. Les villes se font rares. Sur le côté de la route on peut voir des précipices d'une profondeur impressionnante. Je raconte mes projets à mes compagnons dans un allemand très approximatif qui les amuse beaucoup. Ils m'invitent à manger ; Chich Kebab de rigueur : dans le sud de la Yougoslavie il y a de fortes minorités turques.

A la frontière gréco-yougoslave, on note illico le changement : à l'attitude rigide et quelque peu introvertie des slaves se substitue tout le charme, toute la poésie du peuple Grec. On s'arrête au premier bistrot qui se présente pour boire le premier ouzo de ce voyage en terre hellène (le ouzo, est la boisson la plus populaire en Grèce, c'est une espèce d'anisette) au son d'une musique grecque qui sent les vacances et le soleil.

Après ce premier contact avec la Grèce, je me sépare du jeune couple. Une famille américaine prend la suite, et m'assure que la France est vraiment un pays sensas grâce aux Folies-Bergère, au champagne, et au beaujolais ! Nous arrivons à Salonique en fin d'après-midi. C'est leur destination finale.

19

Je me balade longuement dans la ville : très haute en couleurs avec ses nombreux magasins, hôtels, bars, dans des rues noires de monde. Chose curieuse, on voit très peu de femmes. Les terrasses des cafés sont combles, et il semble que ce soit le lieu de rendez-vous des gens sortant du travail. L'atmosphère est celle d'une ville d'Italie ou d'Espagne : très chaleureuse, sympathique.

Au fur et à mesure que je m'éloigne de la France, je deviens une bête curieuse : un gringalet de 60 kilos sous un sac énorme pesant plus de la moitié de son poids, lequel sac est placardé de drapeaux français, et sur l'un de ces drapeaux est écrit : « LE TOUR DU MONDE AVEC 5 FRANCS. » Je lis sur le visage de ces gens le scepticisme, la surprise, l'admiration ou l'incompréhension. Marrant.

Je me rends sur les hauteurs de la banlieue est de la ville, direction : la Turquie. Il se fait tard ; le soleil se couche mollement derrière les montagnes, le golfe de Salonique prend des couleurs très brochure-de-vacances-organisées, les gens se préparent à dîner. Veinards !... Mon estomac, lui, commence à protester.

Sur le tard, un autobus s'arrête et me prends gratuitement. La conversation n'est pas très animée, car le chauffeur ne parle que le grec. La seule chose que je puisse lui dire, c'est : « Efgalisto » (merci). Lui ayant exposé mon savoir, il se fend d'un sourire ; je constate alors que sa boîte à ragoût n'a aucune dent et j'éclate de rire.

Dans un état physique normal (nourriture et sommeil en quantités suffisantes) on reste beaucoup plus maître de ses réactions ; là, ce n'est pas tellement le cas, et mon hilarité se poursuit tant et si bien que le type me demande de descendre, persuadé que je me paye sa tête.

Je suis dans un petit village au bord de la mer, qui peut avoir cinq cents habitants.

Je vais demander un verre d'eau dans un bistrot, en espérant vivement qu'un Grec s'intéressera à mon cas ; je raconterai mes histoires audit Grec et, ainsi, j'aurai peut-être droit à un sandwich.

Mais, à la place, je fais une rencontre inattendue dans un tel bled : deux Français revenant de Turquie. Une discussion entre voyageurs crée aussitôt une atmosphère complice, on se passe des adresses, on se donne mutuellement des tuyaux sur un itinéraire à utiliser plutôt qu'un autre. Je ne raconte pas le coup des cinq francs, mais ils imaginent, étant donné mon sac à dos, que je n'ai pas beaucoup d'argent ; alors ils m'invitent à dîner, puis me donnent l'adresse d'un ami « à voir » au passage, habitant à Ayvalik, près des ruines de Troie.

Ils me quittent car la route vers la France est encore longue.

Un groupe de Grecs s'approche alors, et je devine qu'ils me demandent ce que je fais ici. Avec gestes des mains et des pieds à l'appui, art dans lequel je suis parvenu à une certaine maîtrise, et que ne renierait pas Marcel Marceau, j'explique à ces gens (sans doute des pêcheurs, d'après leur odeur) que les Français sont des gens gonflés et que ce voyage ne pose pas plus de problème qu'une balade sur les Champs-Elysées. Un petit vieux me propose timidement de dormir chez lui...

C'est une petite bicoque sans confort, avec des icones de partout et qui sent bon le vieux.

Je vais chercher de l'eau au puits, situé à un kilomètre, car, m'explique mon hôte, c'est une corvée dont il a du mal à se remettre à cause de son grand âge.

A peine revenu, je m'endors sans me déshabiller, sur une planche que l'ancêtre a recouverte d'une couverture.

Mardi 8 juin.

Je reprends ma posture d'auto-stoppeur tôt le matin. Peu de circulation. Après une petite heure d'attente, une voiture s'arrête : le chauffeur m'adresse la parole en français car il a vu mon drapeau, et seule ma nationalité l'a poussé à s'arrêter, me confie-t-il. Il aime beaucoup la France, comme la plupart des grecs.

Notre moyenne n'est pas transcendante car le chauffeur, représentant de sa profession, s'arrête souvent pour visiter ses clients.

Nous discutons à bâtons rompus de la situation politique en Grèce qui mécontente profondément la population, puis avant de me lâcher à Komotene (100 kilomètres de la frontière turque) il me propose de passer quelques jours chez lui.

Il semble que ce pays ait un sens de l'hospitalité assez remarquable pour moi, Français : compte tenu de la mentalité des gens de mon pays, teintée d'un certain égoïsme, j'aurais trouvé curieux qu'on me fasse une telle proposition en France, alors qu'en

Grèce, cela semble si naturel ! Le cœur de ces gens rayonne de bonté, donne avec simplicité.

Je me dois malheureusement de refuser, car la route est encore longue et il me dépose en me souhaitant des tas de trucs dans un excellent français.

En ce début d'après-midi, il fait une chaleur torride ; trois jours après avoir quitté la France tout s'avère déjà différent : le climat, le paysage, les maisons et les gens.

Je marche vers la Turquie pendant une heure, prends une position stratégique pour le stop en me plaçant après un pont à voie unique qui oblige les véhicules à ralentir, voire s'arrêter (genre d'édifice assez répandu sur les routes grecques et turques).

Il y a de très nombreux touristes allemands qui empruntent les routes d'Orient.

Personne ne me prend.

Finalement une voiture, allemande, s'arrête. Comme c'est l'heure du repas, je leur dis : « ich mache der Kreiss der welt ». Mais ça n'a pas l'air de les émouvoir : style vieux retraités modestes qui ont dû économiser toute leur vie pour se payer cette expédition vers la Turquie. Ils pensent sans doute que j'affabule en disant que je fais le tour du monde, et poursuivent imperturbablement leur repas sans me proposer quoi que ce soit ; ils ont un poulet rôti terrible qui ferait bien mon affaire. Comme mes petits vieux ont bien fait 100 kilomètres d'affilée, ils décident de prendre 24 heures de repos à quelques kilomètres de la frontière turque.

J'ai chaud, soif et faim. Très peu de voitures, mais presque à chaque passage, j'ai droit à un bras d'honneur : en 1969, sept grecs assassinés par des auto-stoppeurs, d'où une certaine méfiance et un certain mépris de la part de la population à l'égard des jeunes pratiquant ce sport.

Finalement je passe la frontière gréco-turque grâce à un couple de hippies dont la tenue provoque un petit excès de zèle de la part des douaniers et des officiers d'immigration : les formalités durent plus d'une heure.

Nous nous séparons à Kesan, première ville après la frontière, car ils vont vers Istanbul et moi je m'en vais longer les côtes de l'ancienne Mésopotamie jusqu'à Ayvalik. Transition brutale : en quelques kilomètres, me voilà parvenu dans un univers différent et angoissant. Différent avec les mosquées, les rues étroites, sales, mal entretenues, les petites maisons blanches, les gens qui prennent leur thé et fument le narguilé au son d'une musique orientale, les femmes voilées, les cireurs de chaussures et les gosses qui vendent des simits à la criée (petits pains ronds au sésame). Angoissant parce qu'on ne parle vraiment plus la même langue (m'étonnerait que les ploucs locaux parlent le français ou l'anglais), angoissant car on me regarde avec un degré de curiosité et d'envie tel que je ne me sens pas très rassuré.

Les touristes de mon genre n'étant pas une espèce très répandue, mon passage fait fureur : tout le monde se presse autour de la bête, me touche, me harcèle de questions en turc.

Des types attablés à la terrasse d'un bistrot me sifflent : l'un d'eux se lève et m'apporte une tasse de thé. Bref, tout se déroule dans une atmosphère de kermesse. Il y a même des chauffeurs de camions qui klaxonnent pour me proposer leurs services : je choisis ma monture et me voici sur la route d'Izmir.

Lesdits chauffeurs de camions conduisent d'une façon désastreuse ; ils roulent à l'anglaise (c'est-à-dire à gauche), doublent sans visibilité suffisante et gare à la bagnole se trouvant en face !

Premier obstacle financier : le passage du Bosphore. Comme le tarif représente le prix du camion quel que soit le nombre de chauffeurs, mon auto-stoppé me dit de m'asseoir à sa place, me montre le fonctionnement de son engin, descend pour payer et explique que nous sommes deux chauffeurs...

Vingt minutes de traversée.

De l'autre côté la route est en mauvais état, je ne parviens pas à dormir à cause des trop nombreux cahots.

Mercredi 9 juin.

Arrivée à Ayvalik à l'aube. Je suis crevé, pas bouffé depuis vingt-quatre heures, dormi qu'une heure, sur une planche dans un relais pour routiers. Un paysan m'emmène jusqu'au centre-ville en tracteur.

Je me rends à la pharmacie du Docteur Zeki (l'ami des deux Français rencontrés en Grèce). Le Docteur Zeki, sans doute issu de la vieille noblesse turque, a énormément de classe : c'est vraiment un personnage si on le compare à l'autochtone moyen.

Il trouve les Français sympa, ce qui ne gâte rien.

L'une des premières questions qu'il me pose :
« Avez-vous mangé ? », à laquelle je réponds « Non »,
gêné comme si je venais de commettre une faute.
Il se marre, en se disant sans doute que les deux
Français lui ont envoyé un drôle de client ! Mais les
Turcs sont des gens très hospitaliers et le docteur
décide de « s'occuper de moi ».

Au fur et à mesure que l'on s'éloigne de la
France, les prix baissent : le restaurant apporte une
addition de onze livres turques (c'est-à-dire cinq
francs, précisément !) pour le pantagruélique repas
que j'ai englouti à la vitesse grand V, repas composé
de Chich-Kebab, de Doner-Kebab, et autres Keba-
beries.

Bref, ce repas épatant m'a retapé de partout
(mon prof de français aurait sans doute rayé avec
rage une telle phrase...). Puis je suis présenté à des
personnalités de la ville : le maire, un avocat, un
professeur. Ce dernier sacrifie un après-midi entier
pour me faire visiter les lieux. Les environs de la ville
sont très attrayants. Je n'oublierai jamais les plages,
les sites de la Grèce antique, les maisons bourgeoi-
ses d'Ayvalik, construites au siècle dernier, dans un
style ancien qui a beaucoup d'allure. L'aristocratie
locale y vit dans une opulence presque indécente,
si l'on considère l'immense pauvreté des populations
illettrées de Turquie.

Jeudi 10 juin.

Après une vraie nuit, passée dans un vrai lit,
je prends mon premier bain à la façon des gens du

26

cru. Les douches, ils ne connaissent pas : mon arme de combat est un petit seau d'eau, la méthode consiste à se laver en se versant l'eau contenue dans le seau. A la réflexion, au moins aussi efficace qu'une douche, et, dans tous les cas, très amusant.

Pour les ablutions intimes, ne comptez pas sur le papier hygiénique ! On ne s'essuie pas, on se lave : un mince tuyau amène l'eau dans la cuvette des W.C., et si une lectrice désirait s'initier aux ablutions à l'orientale, personne ne voudrait plus lui faire de baise-main (encore garde-t-elle quelque espoir si elle est gauchère).

Après le déjeuner, je fume le premier narguilé de ma vie : le goût du tabac s'avère très atténué par l'eau et bien que n'étant pas très fumeur, j'assimile sans problème cette narguilé-party qui dure vingt minutes environ.

Le docteur refuse catégoriquement de me laisser sur le bord de la route et me conduit à l'arrêt d'autobus. Là, il m'offre le trajet Ayvalik-Ankara, soit sept cent cinquante kilomètres. Après quelques protestations inutiles, je suis contraint d'accepter sous peine de le vexer, et me confonds en remerciements.

J'ai droit à un splendide Pullman, avec hôtesse de bord et petites gâteries pour les passagers.

Le bus est parfois arrêté par des barrages de l'armée : je traverse en effet la Turquie à une époque où des mouvements gauchistes constitués essentiellement d'étudiants et d'intellectuels, provoquent des troubles dans le pays et entraînent aussi des ouvriers dans leur lutte contre le pouvoir ; l'état de siège est donc proclamé dans certaines provinces et dans les grandes villes : Ankara, Istanbul, Izmir.

Les militaires vérifient l'identité des passagers. L'un d'eux, suspecté de sympathie à l'égard des révolutionnaires, est expulsé sans ménagement de l'autobus. S'il est innocent, il prendra le suivant. « Demain », me dit un voisin.

Vendredi 12 juin.

Nous parvenons à Ankara dans la nuit de jeudi à vendredi, et tout le monde se trouve consigné à l'intérieur de la gare, tels sont les ordres de l'armée ; le couvre-feu étant proclamé de deux à cinq heures du matin.

Des centaines, peut-être des milliers de personnes attendent devant une tasse de thé qu'on leur dise de partir. Ces gens parlent beaucoup. Les gosses pleurent parce qu'ils ont sommeil ; je fais connaissance d'un étudiant turc, barbu et chevelu (donc gauchiste), qui m'offre un thé et quelques gâteaux et essaie de me convertir à l'anarchisme, à grand-peine car un groupe se constitue autour de nous et chacun me pose des questions auxquelles je ne comprends rien : l'étudiant me sert vaguement d'interprète. Certains veulent m'acheter ma chemise (superbe comparée à leurs guenilles), ma lampe de poche, etc. Par chance, au moment où tout ce beau monde commençait à m'em... nuyer, une sirène sinistre signifiait la libération des voyageurs.

Je flâne dans la ville. Il fait froid car Ankara se situe sur un haut plateau et les nuits sont fraîches.

Au cours de cette promenade dans la ville, je suis frappé par la froideur des gens, contrastant étrangement avec l'ouverture, la gentillesse, la spontanéité des gens de province, frappé aussi par la mode féminine : les islamisantes sont d'habitude très pudiques, vêtues de longues robes arrivant aux pieds et souvent voilées ; eh bien à Ankara les jeunes femmes portent allègrement des mini-jupes, aussi sexy que celles de nos minettes de France.

Morphologiquement, elles sont différentes : les cheveux très noirs, le teint un peu basané et, conséquence de l'Islam qui donne à la femme une condition très inférieure à celle de l'homme, on lit sur ces visages une certaine méfiance qui se traduit par un regard abrité dans des orbites profondes, la bouche fermée dans un refus délibéré de communication. Bref, on est loin de la femme souvent épanouie du monde occidental. Pas dragable !

A une heure décente, j'appelle l'A.F.P. pour signaler mon passage. Je suis invité à déjeuner, à dîner puis à dormir et fais ma première lessive du voyage.

Samedi 12 juin.

Propre, je me remets en position en début d'après-midi. Madame Latève, la femme du correspondant de l'A.F.P., vient de me conduire à l'extérieur de la ville.

Téhéran : 2 000 kilomètres.

Je dis au revoir à la civilisation, c'est-à-dire à Ankara, avec ses rues propres et ses grands immeubles qui la rendent impersonnelle, comme toutes les grandes villes, mais « civilisée ». Les hauts plateaux de la Turquie orientale offrent le spectacle d'une véritable vie moyenâgeuse, paraît-il. Des gosses sales, et vêtus de haillons commentent l'événement en touchant ma montre, ma chemise, ou en désignant mon sac. Pauvres gosses ! Dire que pour eux je suis un espèce de roi mage !

J'essaie de leur échapper car ils deviennent nettement envahissants, et marche le long de cette route qui conduit à Téhéran. Téhéran : 2 000 kilomètres, 2 000 kilomètres de chaleur, de poussière, de faim et de soif en perspective, sans parler du danger : beaucoup de brigands en Turquie orientale.

Bientôt plus de cortèges, les gamins renoncent. D'autres sortent des taudis ornant les bas-côtés de la route, et fixent sur moi leurs pauvres yeux ébahis. Si je m'arrête, ça va recommencer. Je poursuis donc ma marche, torse nu, tant il fait chaud.

Le sac me scie les épaules. 32 kilos !

Triste paysage, la végétation commence à se raréfier et les montagnes environnantes sont d'un jaune-vert uniforme. Pas de maisons, rien.

Un bus s'arrête, je monte. On m'a appris le chiffre cinq, on dit « Panch », alors c'est suffisant pour expliquer plus ou moins mon histoire au contrôleur. Le dit contrôleur est un vieux bonhomme, vêtu d'un pantalon de toile très bouffant qui fut de couleur blanche, d'une chemise dont ne voudrait pas un clochard parisien, et possède toute sa fortune dans la bouche : il a deux dents en or qui forment un ensemble de bon goût avec le restant de sa dentition jaunie, putréfiée, puante. Cette catastrophe buccale n'est pas l'exception puisque les gens souffrent de malnutrition. Donc, je me raconte une fois de plus et le contrôleur ferme les yeux, moyennant quelques photos : les Turcs adorent être photographiés.

Je débarque à Yozgat à l'heure du dîner. Mon équipement, et surtout le fait de porter un short amusent et amènent du monde autour de moi. L'un d'eux en profite pour me passer la main aux fesses et demande si je veux manger.

Au diable les scrupules, j'accepte. Mes interlocuteurs ont du mal à avaler le coup des cinq francs car mon équipement et mes habits leur paraissent somptueux. En guise de repas, on me sert un morceau de mouton baignant dans une espèce de graisse, en guise de boisson un verre de thé.

Ah ! Je suis loin de Paname, c'est-à-dire loin d'un châteaubriant, avec un petit Saint-Emilion par exemple !

Je revois l'île Saint-Louis, le Palais de Chaillot, Montmartre..., et mes parents qui poursuivent leur vie tranquille à Grenoble.

Französich ! Schnell ! Le Turc me sort de ma rêverie. Il parle fichtrement bien l'allemand car il a travaillé en terre aryenne : les Turcs sont à l'Allemagne ce que les Nord-Africains sont à la France, alors vous voyez !

Donc le Turc me demande de m'activer car le chauffeur d'un bus accepte de me prendre jusqu'à Sivas, situé à 450 kilomètres à l'est d'Ankara.

31

Dimanche 13 juin.

J'arrive à deux heures ; des jeunes commencent à me chahuter sans que cela soit très alarmant, mais visiblement ils en veulent à mon sac. Par prudence, je décide de me « réfugier » dans un hôtel.

A la réception, je demande où je pourrais trouver un poste de police pour y dormir car je ne tiens pas à traîner dans les rues à cause des risques d'agressions. Ils me proposent gentiment un fauteuil dans l'attente du lever du jour.

Un type de passage se mêle à notre conversation et me vante l'équipement de l'hôtel. Je lui rétorque que cela ne me concerne guère puisque je n'ai pas d'argent. Il me propose alors de visiter sa chambre pour que je puisse apprécier. Il se trouve que je n'apprécie pas du tout car, une fois à l'intérieur, il me fait des propositions aussi franches que malhonnêtes en me caressant la cuisse et me dit : « J'ai envie de toi ! » Alors je l'écarte un peu violemment, ôte le verrou qu'il avait mis en prévision « d'ébats futurs » et m'en vais.

Décidément, je dois plaire à ces Messieurs car en dix jours de voyage je me suis fait draguer trois ou quatre fois. Dorénavant il faudra que je surveille mes arrières !

Je redescends à la réception, dors une heure au terme de laquelle un type me tape sur l'épaule pour m'acheter la montre, le thermos, la lampe de poche..., beaucoup de difficultés à m'en débarrasser.

Quelques instants plus tard, je pars à la recherche des propriétaires de deux « 504 » françaises stationnées devant l'hôtel. Elles appartiennent à des

Iraniens aimant beaucoup la France. Ils sont très chargés mais m'acceptent. Ils vont jusqu'à Téhéran, soit 1 600 kilomètres, dans une « 504 » avec air conditionné : jusqu'à présent, mon voyage aura été une promenade.

Mais le trajet est mouvementé, plusieurs tronçons de route étant en cours de réparations ou coupés par des éboulements de pierres. Vers quinze heures, nous aboutissons à une route fermée à heures fixes, pour cause de travaux. Nous prenons des raccourcis ; quelques sentiers de montagne traversent des torrents, ce qui nous oblige à nous mouiller jusqu'à la taille pour pousser les voitures.

Dimanche 13 juin.

L'est de la Turquie se présente comme un immense plateau aride, altitude comprise entre 1 600 et 2 000 mètres. L'ignorance de la population est la conséquence de mauvais moyens de communication. L'analphabétisme et la pauvreté du sol ont déterminé une vie plus que moyenâgeuse : les baraques sont faites de terre battue et de pierres, parfois sans toiture. On voit aussi des trous creusés dans la montagne, et ces trous, ces horribles trous, servent d'habitation !

Comme il fait très froid l'hiver, il faut trouver un combustible : il n'y a pas de bois, alors ils font sécher la bouse de vache et la stockent jusqu'à l'hiver.

Les moyens d'existence de ces personnes horscircuit, ce sont quelques poules, vaches et moutons qui trouvent de bien maigres pâturages.

Après ce « retour aux sources », nous arrivons à Erzurum. Mes nouveaux amis ont des ennuis avec la douane, ils devront attendre peut-être plusieurs jours ; alors nous décidons de nous séparer, mais le lendemain seulement, car ils insistent pour m'offrir un repas et une chambre d'hôtel...

Lundi 14 juin.

...dont je ne profite pas beaucoup car je décrète le lever des troupes à cinq heures. Après deux heures d'attente inutile sur le bord de la route, je m'endors dans un champ et me réveille un peu plus tard ; quelques vaches dardent sur moi leur regard stupide.

Il fait chaud et j'ai alors terriblement soif : je me mets en position pour traire l'une d'elles. Un gros turc plein de poils se met à vociférer en courant dans ma direction et brandissant son bâton. Il veut ma peau, parole ! Je prends mon sac, puis mes jambes à mon cou, et la frousse me tenaille si fort que j'en sème mon poursuivant.

Essoufflé, mais content de m'en être aussi bien tiré, je poursuis ma marche vers l'Iran, jusqu'à midi.

Bon sang, j'en ai marre : quelques véhicules seulement à l'heure, et personne ne s'arrête. Par ailleurs se reconstitue un groupe de jeunes admirateurs : ils ont de la résistance puisque je les traîne derrière moi depuis près d'une demi-heure.

Ma mauvaise humeur s'accroît. Un militaire en faction à l'entrée d'un campement m'adresse la parole en turc, sans doute pour demander ce que je fabrique avec cet énorme chargement sur les épaules ; je lui réponds : « Je ne parle pas le turc et tu m'emmerdes. » Il hoche la tête pour signifier qu'il a compris.

Je poursuis mon chemin de croix et quelques minutes après cet échange d'impressions, une Opel s'arrête. Il s'agit d'un capitaine de l'armée iranienne qui regagne son pays après un stage aux U.S.A.

La région est de plus en plus montagneuse, la population de plus en plus rare et pauvre. Les gens marchent sur le bord de la route, pieds nus, nous regardent passer avec ébahissement. Ils nous saluent de la main en vociférant des trucs pas traduisibles. Ça va se dire, dans leur village, qu'ils ont rencontré des touristes !

On passe à quelques dizaines de kilomètres du Mont Ararat (5 160 m) ; des gens bien informés m'ont dit qu'une expédition, évidemment américaine, espérait localiser les restes de l'Arche de Noé dans la région !

Le soir, nous arrivons à la frontière turco-iranienne et là, il arrive un pépin monumental à mon capitaine qui vient d'apprendre à faire la gué-guerre aux U.S.A. : il doit demander une garantie bancaire de cinq mille dollars pour les frais de dédouanement de la voiture (la Turquie et l'Iran demandent à leurs ressortissants des taxes douanières absolument ahurissantes : parfois de l'ordre de 200 % de la valeur vénale). Trop tard pour téléphoner à Téhéran. D'autre part, si tout se passe bien, il faut deux jours pour recevoir le papier réclamé par ces goulus douaniers. Il faut donc trouver une autre monture.

Je passe d'abord les formalités de police et de douane. Comme j'ai un appareil photographique et un magnétophone le douanier écrit tout un laïus en farsi (la langue de l'Iran) : il noircit une demi-page de mon passeport, le but de l'opération étant de contrôler, à la sortie de l'Iran, si je n'ai pas vendu ces objets, plutôt chers dans le pays. Les formalités sont longues, comme dans tous les pays sous-développés où les administrations locales ne font rien de simple et fonctionnel.

Au terme de cette corvée, je reluque les véhicules susceptibles de me prendre jusqu'à Téhéran. Un peu plus tard, nous prenons la route allant à Tabriz, un jeune couple de Parisiens et moi. Eux vont jusqu'au Népal, en Mercédès siouplaît ! Tard dans la nuit, nous nous arrêtons dans une petite ville située à soixante kilomètres au nord de Tabriz. L'endroit est sinistre, avarement éclairé. Nous ne parlons pas le farsi, mais le mot hôtel étant international, un policier nous conduit jusqu'à un établissement qui a dû voir passer stoïquement une flopée de générations d'Iraniens. Le flic susnommé est très bien habillé : la police iranienne n'a rien à envier à nos gendarmes, encore moins à leurs homologues turcs, dont la tenue fait un tantinet négligé. Joëlle et Gérard dorment à l'hôtel, moi dans la voiture pour ne pas grever leur budget de vacances.

Mardi 15 juin.

Départ vers neuf heures à destination de Téhéran. Quelques ennuis mécaniques ralentissent notre progression. En fin de matinée, nous nous arrêtons près d'une maison de bergers très pittoresque dans l'intention de la photographier. Ses habitants nous offrent alors une tasse de thé, et cette invitation traduit bien l'hospitalité propre aux musulmans, tellement agréable pour les visiteurs étrangers.

Pendant que nos bergers font chauffer leur eau dans un vieux samovar, nous visitons les lieux, très misérables, et mangeons un fromage de chèvre maison, curieusement bon. Ils versent leur thé dans une soucoupe pour qu'il refroidisse plus rapidement que dans une tasse.

L'intérieur de la maison est d'une fraîcheur qui vaut largement toutes les climatisations hiltoniennes, contraste fantastique avec l'étouffante chaleur qui nous écrase lorsque nous sortons.

Les quelques instants passés avec ces bergers m'ont permis de saisir leur profond sens pratique, déroutant de la part de ces êtres, finalement assez primitifs.

La titine nous mène à Tabriz en début d'après-midi : beaucoup de poussière dans cette grande ville écrasée de soleil, grouillante de gens mal habillés et léthargiques. Lorsque nous nous arrêtons pour demander la route de Téhéran (les panneaux indicateurs sont une espèce rare à Tabriz) des dizaines de mômes s'approchent de la bagnole pour demander un bakchich ou des cigarettes. Ils sont aussi enquiquinants qu'en Turquie mais peut-être moins insistants, moins agressifs. On traverse la ville en triomphe : on nous salue, on nous crie : « Hello mister ! Bakchich Mister ! »

Les rues sont sales mais très pittoresques. En fait de pittoresque j'attribuerais la palme d'or à un marchand de tissus en train de dormir dans sa vitrine !

Toutes les boutiques doivent obligatoirement exhiber un portrait du Shah et de sa chatte sous peine de représailles dont ne se prive pas la dure police Iranienne : chacun connaît les principes hautement démocratiques qui sont le fer de lance de la politique en Iran.

On s'arrête à l'extérieur de la ville pour faire une saucisson-party avec un kil de rouge made in Turkye. Notre pique-nique se déroule sur le bord d'un trottoir et cela attire beaucoup de monde. Pour amuser la population, je fais un simulacre de quête, mais la recette est maigre : cinq rials soit trente-cinq centimes. Notez que c'est une somme largement suffisante pour acheter un litre d'essence puisqu'elle est quatre fois moins chère qu'en France.

Après ce mémorable repas on se remet au turf : on avale les kilomètres. Maintenant voilà véritablement l'Orient. L'air est de plus en plus chaud et sec, très peu de végétation ; les villages que nous traversons sont constitués de maisons de torchis, les gosses se baladent à poil et les femmes voilées, vêtues de noir, portent sur leur tête une cruche pleine d'une eau de qualité douteuse.

Nous pouvons maintenir une moyenne convenable car la route s'avère en fort bon état, et même de grand luxe puisqu'elle est asphaltée sur deux voies (eh oui, le pétrole ça rapporte !)

La circulation est peu importante, on double de temps à autre des camions qui, en France, ne feraient pas un kilomètre sans être arrêtés par la police pour charges et dimensions prohibitives ; le nombre important d'accidents provoqués par des camions est d'ailleurs significatif.

Le soir, nous arrivons à Zanjan. Mes amis sélectionnent un hôtel, puis m'invitent à dîner dans un restaurant local, sympa, propre, et pas cher : trois repas pour quarante-deux rials, soit trois francs !

Au menu : des brochettes de mouton particulièrement épicées, une tomate, le tout enroulé dans une galette, faisant office de pain en Iran ; en guise de boisson on a droit à du lait caillé, ajoutez à cela deux doigts de musique orientale et vous aurez un repas typiquement iranien. Cent balles par personne, ce n'est vraiment pas cher.

Ensuite nous nous baladons dans la ville et nous rencontrons des femmes voilées qui, à la vue du touriste, se cachent encore plus pudiquement la face. Moi, je les regarde fixement et d'un air narquois de manière à les inciter à plus de pudeur encore. Le record est établi par une femme dont je ne vois plus qu'un œil, image hautement érotique. Nous nous faisons aborder par un lycéen désireux de pratiquer son anglais. Il nous apprend que le sol et le sous-sol de son pays procurent des revenus énormes, et si une répartition de ces seuls revenus était faite, cela ferait soixante-dix rials (c'est-à-dire cinq francs) par jour et par habitant. La réalité est en fait bien plus triste : l'analphabétisme est important en Iran, et la plupart des gens vivent dans des conditions assez misérables ; et dans le même temps, à Téhéran et ailleurs, sévissent des fortunes colossales, se dressent des dizaines de palais pour le plus grand bonheur de la famille royale, se préparent les festivités de Persépolis qui représentent l'une des dépenses les plus extravagantes et les plus inutiles que l'Iran ait connu.

Les Iraniens se posent comme des gens très affables, mais le contact de ce jeune lycéen n'a fait que confirmer ce dont je me doutais depuis mon entrée en terre musulmane : le musulman n'aime pas se trouver en « position d'infériorité », ainsi, si on demande un renseignement auquel il est incapable de répondre, plutôt que de montrer son ignorance, il biaisera en faisant une réponse évasive, ou bien donnera sans complexe un faux renseignement, ou bien fera un signe de tête entendu sans avoir rien compris.

Il pourra également proposer son assistance, puis oublier de tenir parole. Voilà donc des gens très hospitaliers, mais qui manquent d'efficacité. Exemple :

Mercredi 16 juin.

Le matin, nous devons prendre jusqu'à Téhéran, un jeune qui nous promet de nous loger chez son frère... et, une fois sur place, Joëlle et Gérard n'ont plus qu'à trouver une chambre d'hôtel. Pour ma part, j'ai la chance de rencontrer un Français qui propose de m'héberger chez lui.

J'ai pris ma dernière douche à Erzurum, c'est-à-dire il y a trois jours. De crasseux, suant, puant, je redeviens après vingt minutes de savonnage, de rinçage et parfumage (ça n'existe pas, mais tant pis) le jeune premier que certains connaissent !

Le soir, un ingénieur, Français également, invite mon hôte à un dîner d'affaires, et dans la foulée me convie à faire le plein : premier vrai repas depuis Ankara, et dans un cadre qui ferait pâlir de jalousie les plus grands restaurants parisiens, avec tapis persans, lumières tamisées, orchestre du cru, petites serveuses avenantes et j'en passe.

Jeudi 17, vendredi 18 et samedi 19 juin.

Le programme de ces trois jours se résume ainsi : cure de sommeil dans un lit confortable, un peu de lecture, quelques 33 tours d'Aznavour, de Reggiani et de Thierry le Luron qui me rendent tout nostalgique, quelques bons repas offerts par ce Français qui a fait dans le passé des voyages un peu semblables au mien, ce qui crée des affinités. Un journal français, « Le Journal de Téhéran », fait paraître un article sur mon voyage.

Quelques mots sur Téhéran : la ville est au pied de la chaîne de l'Elbourz au nord de laquelle il y a la Mer Caspienne avec ses fameuses stations balnéaires fréquentées par les Iraniens fortunés ; Téhéran s'étale en pente douce vers le sud. Le nord de la ville est très résidentiel, le sud très populaire. C'est là que se trouve le marché le plus réputé d'Iran, « le Bazar ». Les urbanistes ont conçu la ville à l'échelle américaine : les avenues sont très larges et se coupent souvent à angle droit. Les immeubles ne reflètent aucune originalité par rapport à l'Europe. Bref, Téhéran, par son modernisme, ne rend absolu-

41

ment pas la vie archaïque dans laquelle se trouve confinée la majorité de la population.

Cette différence énorme, ce gouffre entre la capitale et la petite ville de province se traduit aussi dans le mode de vie des téhéranais : les filles, souvent bien en chair, mais plutôt mignonnes, portent mini-jupes et shorts. Les femmes en ont classe : elles veulent agir comme chez nous, c'est-à-dire librement ! Les voiles au rancart, et les immenses tuniques qui leur venaient jusqu'aux pieds, elles en ont fait des tentures pour cacher leurs ébats aux yeux d'Allah !

La jeunesse a donc largué ces principes rétrogrades et je vous assure qu'à Téhéran, les filles sont aussi agréables à l'œil que n'importe quelle nymphette du monde dit civilisé.

La ville est animée : beaucoup de cinémas, de théâtres, de magasins d'antiquités (faites par les ploucs des montagnes et revendues vingt fois plus cher à Téhéran), des myriades de marchands de tapis, des bistrots et des restaurants en très grand nombre. La vie s'avère très chère à Téhéran, par rapport à la province.

Beaucoup de voitures : ils conduisent mal ces Iraniens, c'en est démentiel ; et tout se déroule dans un concert de klaxon permanent : cela me rappelle Caracas. De nombreux taxis sévissent aussi dans les rues. Ces véhicules attendent stoïquement une improbable réforme ; improbable car les voitures sont très chères, alors on rafistole. Si l'on s'aventure dans l'un des taxis bon marché (par opposition aux taxis « pour touristes ») tous couleur orange, on peut faire une course pour vingt ou trente rials, c'est-à-dire un franc cinquante ou deux francs. Mais pour ce prix-là, le chauffeur ne parle souvent que le farsi, ce qui complique méchamment la conversation.

L'animation du matin ou du soir contraste violemment avec la léthargie générale qui règne en début d'après-midi : une chaleur extrême, la brume en permanence sur Téhéran, pas le moindre zéphir pour remuer cet air lourd qui pèse sur moi plus que mon sac à dos. On ferme cause sieste : les ouvriers des chantiers dorment sur les trottoirs.

Des pauvres bougres sans travail sont assis sur les trottoirs, un chiffon à la main, guettant l'arrivée de propriétaires de voitures pour proposer de nettoyer les vitres au tarif de deux rials, soit quatorze centimes. Vous souvenez-vous qu'un Italien avait voulu me donner de l'argent en Autriche ? Eh bien, je l'ai gardé précieusement afin de m'acheter un visa pour l'Inde. En sortant de l'Ambassade, il me reste mes précieux 5 FRANCS et une dizaine de rials. Ce n'est pas énorme...

Dimanche 20 juin.

Le zonzon du climatiseur m'a délicatement bercé toute la nuit, et c'est dans une forme éblouissante que je mets au point mon itinéraire Téhéran-Karachi : l'étape sera dure, très dure, car à partir d'Ispahan, je vais traverser des immensités de sable : deux mille kilomètres de désert.

J'aurai donc soif : lorsque je vais traverser les quelques villes jalonnant la route, il faudra que je me fasse chameau ma parole, et ce sans rechigner sur la qualité de l'eau ; probable que ce ne sera pas de l'eau d'Evian.

Me voilà à la sortie sud de Téhéran, Ispahan est à 500 kilomètres. Avec un peu de chance, j'y serai ce soir.

Donc je me mets à ahaner dur sous le soleil qui me nargue avec 50° de température.

Je suis pris en pitié, puis en auto-stop par le chauffeur d'un autocar. Je devine qu'il me demande ce que fait un digne sujet de la France en Perse, et aussi lourdement chargé. Je lui propose mes explications en français, anglais, allemand, italien, espagnol, mais il ne connaît pas les langues étrangères le cher homme. Alors je sors une mappemonde, je décris un cercle avec l'index, lui présente ma main pleine de doigts et lui dis : « Panch Frrrrank » (cinq francs), et marche sur place pour lui montrer que je fais ça à pince. Le chauffeur se gratte la tête en me regardant d'un air incrédule, puis gueule à la cantonade ce que je viens de lui raconter. Tout le monde se marre et cela prend vite une allure de foire.

Je me fais annexer par un Iranien qui me propose de manger. Je lui dis « merci » (ce qui veut dire merci, mais en farci l'accent tonique est sur la première syllabe).

Cet effort linguistique leur plaît à ces Iraniens, et ils m'accablent de mots gentils et de nourriture locale.

Nous longeons le Grand Désert de Sel : c'est une immense étendue, plate et sinistre. Je me souviens alors de ma soif, je pourrais bien acheter une boisson fraîche au steward de l'autobus (le personnel navigant, ça existe en Iran !), mais cela ne ferait pas sérieux d'exhiber mes quelques rials puisque le chauffeur ne me fait pas payer le transport !

L'autocar me dépose près de Qom et je trouve tout de suite une correspondance pour Ispahan : une voiture particulière, chose rare au sud de Téhéran.

Nous arrivons en fin d'après-midi, et comme je suis en avance sur mon programme, je décide d'aller jusqu'à Kerman.

J'atteindrai la frontière Irano-Pakistanaise dans deux ou trois jours, si Allah m'a à la bonne.

En traversant à pied la banlieue populaire d'Ispahan, un gamin me propose dans un sourire de monter sur son âne : je parcours ainsi un bon kilomètre et la populace se tape sur les cuisses.

Les hommes se gondolent, les femmes se dévoilent, les gosses forment un cortège autour de moi. Décidément, mes actions sont en hausse chez les marchands de pétrole !

Après une attente ridiculement brève, un camion s'arrête et le chauffeur m'informe qu'il va jusqu'à Kerman, soit sept cents kilomètres qui ne poseront pas de problème dans ce putain de désert. La route devient piste, la température exténuante devient plutôt fraîche avec la tombée de la nuit.

Lundi 21 juin.

L'un des deux chauffeurs demande sans cesse ma bouteille thermos, ma lampe de poche, ou bien ma montre en guise de bakchich ; c'est même beaucoup plus un ordre qu'une requête.

Devant son attitude un peu menaçante, j'use de toute ma diplomatie pour retarder la rupture que je sens imminente.

Par chance, un incident technique vient sauver la situation : l'une des roues vient de s'enflammer ! Les deux chauffeurs se précipitent, nous descendons, mon sac et moi, et je me sépare en vitesse de mes ex-futurs voleurs qui ont réussi à circonscrire le sinistre à l'aide d'une couverture.

Un camion s'arrête, le chauffeur propose son assistance et me prend puisque l'autre est en panne.

Ce chauffeur n'a pas la générosité des passagers de l'autocar de Qom : je lui raconte mon histoire qui ne l'émeut pas et, au cours de la nuit, lorsqu'on s'arrête dans les relais pour routiers, mon auto-stoppé s'isole farouchement ; je n'ai plus qu'à m'offrir un thé, manière de me colmater un peu. Ces relais sont attristants : les clients représentent le prolétariat d'Iran : mal payé, mal nourri, mal vêtu, en un mot résigné.

Çà sent les pieds, un transistor vomit une musique locale. Tard dans la nuit, on s'arrête dans un village abandonné pour y dormir, on s'étend sur des dalles de pierre au milieu des rats, harcelés par des moustiques particulièrement agressifs. On repart un peu plus tard.

En Iran peu de gens parlent l'anglais, alors j'ai vraiment des problèmes pour me faire comprendre. Et avec leur sale manie de répondre « oui » systématiquement, même s'ils n'ont rien compris, je crois que je vais finir par leur entrer dans le chou, pour leur apprendre à ne parler que farci ! Donc, je lui demande s'il va bien à Kerman, me réponds par l'affirmative...

et me largue à Yazd, situé à trois cent cinquante kilomètres avant Kerman.

Il est huit heures. J'ai peu dormi et me sens sale. Il fait à nouveau très chaud maintenant car je suis aux portes d'un désert qui va pratiquement jusqu'à Karachi. Pendant quelques jours il ne faudra pas faire la fine gueule en ce qui concerne l'hygiène, la boisson et la nourriture. Je pense donc à toutes ces choses peu réjouissantes lorsqu'un camion s'arrête. Au volant un homme hilare.

Nous allons jusqu'à Kerman. Le nombre de véhicules que nous rencontrons est encore assez important : cinq ou six à l'heure. La piste mauvaise me fait penser à l'Amérique Latine que j'ai visitée il y a trois ans : la route principale reliant le Venezuela, la Colombie, l'Equateur, le Pérou, etc., s'appelle pompeusement la Pan américaine et, en réalité, il s'agit d'une piste où il est impossible de tenir une moyenne supérieure à trente kilomètres-heure.

Après de nombreuses pauses-eau, de qualités très inégales (mais nous n'avons pas le choix), nous arrivons à Kerman vers dix-neuf heures. Je me lave dans un bassin situé au beau milieu d'une place et fais recette une fois de plus ; un monsieur se détache du groupe, et m'aborde dans un anglais très approximatif. Au cours de la conversation, je lui demande depuis combien d'années il étudie l'anglais et il me répond qu'il a 41 ans. Vous voyez donc qu'on se comprend parfaitement ! Il m'offre un coca très frais (Le Saint-Emilion de l'homme du désert) et me conduit sur la route menant à Zahedan, ville située près de la frontière irano-pakistanaise.

J'attends deux heures, et la chance jusqu'à maintenant avec moi se présente sous la forme d'un riche marchand de tapis qui m'invite à participer au dîner familial et à me reposer, ce qui serait plus raisonnable, dit-il avec raison, que d'attendre sur le bord d'une route où aucun véhicule ne circule de nuit.

La salle à manger ne comporte aucun toit. C'est une espèce de cour intérieure autour de laquelle sont situées les chambres, salles de bains, cuisine, etc. Pour le repas nous retirons nos chaussures et nous asseyons sur un tapis garni de plats et boissons les plus divers. Ce repas sous les étoiles et dans une ancienne maison de maître est merveilleux. Après quelques heures de repos, je reprends la route avec un billet de cent rials en poche (soit sept francs) que mon hôte voulait absolument me donner.

Mardi 22 juin.

J'ai mal à l'estomac. Sans doute est-ce dû à l'eau mauvaise et chaude que j'ai bue hier. Plusieurs personnes m'ont prédit les amibes et autres plaisanteries dans ces régions où l'eau n'est pas saine.

Je décide d'entamer mon billet de cent rials en prenant une bière et de ce fait mes douleurs s'estompent. Il est neuf heures, lorsque je me mets au bord de la route. Les chances de trouver une voiture ou un camion sont minces car il y a très peu de trafic. Pourtant un autobus me prend presque aussitôt. Il fait une chaleur torride. Je crois bien qu'aujourd'hui j'ai compris et ressenti ce que pouvait être le fait de mourir de soif : l'eau se trouvant à bord est très chaude, on pourrait presque en faire du thé. Je la refuse d'abord et vers midi, finis par la boire.

Ma mise en scène (consistant à raconter mon histoire) est très au point maintenant, et puisque j'ai fait un bon numéro ils ne me font heureusement pas payer à l'arrivée.

Je me présente à la gare de chemin de fer pour connaître les trains en partance pour le Pakistan. Rieu à voir avec la gare Montparnasse. Il s'agit d'une bicoque tristement allumée par une lampe faiblarde qui se balance et s'éteint au rythme des rafales de vent. Le chef de gare - préposé au guichet - contrôleur - barman est un vieux bougre tout ridé. Une locomotive à vapeur attend patiemment qu'on la mette à la réforme. De pauvres gens dorment sur le quai. Il n'y a pas le moindre bruit, pas le moindre son, si ce n'est le hurlement du vent. Bref, on se croirait dans « Il était une fois dans l'Ouest ». Ça me fiche un cafard monstre. Renseignement pris, le train pour Quetta est parti (Quetta est la première ville importante du Pakistan, et se situe à sept cent kilomètres à l'est de Zahedan). Il faut attendre le lendemain. Compte tenu de la configuration des lieux, je pense qu'il sera difficile de monter clandestinement dans le train, alors je vais à l'aéroport pour essayer de faire de l'avion-stop. Là, j'apprends que le trafic d'avions privés pour le Pakistan est inexistant.

Je m'endors devant l'aéroport sans avoir rien mangé.

Dormir à la belle étoile, dans un champ, je trouve cela charmant en Europe, mais dans ces pays d'Orient il est préférable de rester près d'un lieu public protégé par la police...

Mercredi 23 juin.

...laquelle police me réveille à trois heures du matin, intriguée de voir un Européen dormant dans un sac de couchage devant l'aérogare. Je leur explique que... Ils me fichent la paix.

Je n'ai plus sommeil, me sens en pleine forme, et décide alors un truc assez démentiel : un train pakistanais part de la frontière (située à cinquante kilomètres de Zahedan) pour Quetta. Je vais y aller A PIED, manière de faire, moi aussi, ma petite traversée du désert. Je remplis mon thermos avec une eau de qualité douteuse, y ajoute une pastille destinée à tuer les éventuels microbes, fais un brin de toilette, change de vêtements, et en route pour la Longue Marche !

La piste de sable est nettement délimitée, donc pas de problème : le Pakistan, c'est tout droit. La nuit est sans lune, le silence total, alors je me raconte des histoires drôles pour oublier ce sinistre décor, je pense à mes potesses de Grenoble, je pense aux bringues dévastatrices que j'ai faites, je pense à un prof de maths auquel j'ai fait les pires vacheries, puis je pense à mes parents qui, à l'heure actuelle, se réveillent peut-être en sursaut en se demandant où je peux bien être.

Je marche pendant des heures et des heures. Maintenant je n'ai plus d'eau. J'ai soif, le soleil est assez haut dans le ciel. Cette saloperie de désert, y'en a marre.

Tiens, j'aperçois un nuage de poussière loin derrière moi, le nuage se rapproche très vite : un convoi militaire, qui ne s'arrête pas, les vaches ! Un peu plus tard, autre nuage : un autobus. Tant pis, je renonce à ma séance de marche : je fais des grands signes désespérés et le chauffeur donne un furieux coup de frein de telle sorte que me voici recouvert de poussière. Le contrôleur descend et, contrairement à l'usage, ne me laisse pas monter : il demande l'argent d'abord. Sa façon de procéder me met la puce à l'oreille et je pense qu'il a déjà dû avoir affaire à des petits malins dans mon genre ! Je lui réponds que je n'ai que de l'argent français mais qu'il n'a rien à craindre, à la frontière je change et paie ma place. Je m'installe donc au fond et m'écrase. Le bus est presque complet. Les gens du voyage sont très pittoresques : chaudement habillés pour ne pas prendre un refroidissement par cette fraîche matinée : le thermomètre n'indique que 25°. Après maintes discussions, on m'oblige tout de même à payer ma place. Je suis furieux d'entamer mon maigre capital. Soudain, je vois le train arriver. Ici, pas de gare, donc pas de contrôle, je vais pouvoir monter pendant que les officiers de l'immigration vérifient l'identité des passagers.

Et me voici au Pakistan ! Le décalage horaire est de quatre heures en plus par rapport à la France.

Je m'installe dans une espèce de wagon à bestiaux aménagé pour les voyageurs ; c'est la dernière des cinq classes existant dans les trains pakistanais.

On l'appelle la Third Class (le Pakistan étant une ancienne colonie anglaise).

Vu le niveau économique du pays, même les gens prenant des premières ne sont pas très riches. Alors imaginez ce que peut contenir un wagon de Third Class ; on y voit des personnages absolument impossibles. Tout ce monde est sale, mal vêtu : des gosses sans culotte, des handicapés physiques et mentaux en assez grand nombre, de respectables vieillards avec leur longue barbe et leur Kourta (tunique), agenouillés sur leur siège et récitant des prières. Certaines femmes portent des voiles semblables à ceux des membres du Ku-Klux-Klan, l'ouverture pratiquée pour leurs yeux ressemble à une grille de mots croisés.

On me dit que ces personnes étrangement vêtues viennent des villages du désert et vivent comme au Moyen Age.

Un groupe de jeunes gens s'affairent autour d'un samovar pour préparer le thé et l'un d'eux mélange du haschich au tabac. A mon allure d'étranger, ils m'invitent à prendre le thé.

Et de toutes ces personnes des « contes des mille et une nuits » se dégage une chaleur humaine qu'on ne rencontre nulle part en Europe. L'accueil à l'orientale montre une spontanéité, une générosité désintéressée que nous sommes loin d'avoir, bien qu'il y ait une nette évolution chez les jeunes.

Deux contrôleurs arrivent dans le wagon, en même temps d'ailleurs que les gardes armés constamment présents dans les trains pakistanais. Je suis coincé à moins que... L'un d'eux me demande mon billet. En anglais. Alors je prends un air ahuri (en toute modestie, c'est une grimace contre nature et j'ai beaucoup de difficultés à la jouer) et, bien sûr, je ne veux rien comprendre. Il voit que je suis étranger, n'insiste pas, mais à sa mimique, je sens qu'une fois le travail terminé, il va s'occuper de mon cas. Je me déplace vers un jeune Pakistanais avec lequel j'ai sympathisé. Il a déjà été contrôlé et je lui demande de me prêter son billet. Quelques instants plus tard me voilà en train de me raser avec mon rasoir à piles, de manière à intriguer tout le monde, et surtout mon contrôleur, lequel trouve ça très marrant. Il essaie le rasoir, je lui offre de l'after-shave et en prime lui déballe mon histoire (sans lui parler des cinq francs) dans un anglais volontairement hésitant pour justifier ma précédente attitude d'incompréhension. On sympathise mais c'est un Pakistanais têtu comme un Breton et il remet le couvert : il veut voir mon billet. Je ne tiens pas à le lui montrer trop rapidement car il se douterait de quelque chose. Je lui propose mon passeport, de l'argent, une carte routière, un stylo ; finalement, il désigne dans mon bagage à main le portefeuille, l'ouvre et prend triomphalement le billet en disant que c'est ça qu'il demandait, le gros malin !

Nous revenons à mon histoire, qui lui botte, et le soir il m'invite à dîner. Avant de nous séparer, il me dit que si je veux de l'eau fraîche, je n'aurai qu'à lui demander : cadeau énorme lorsqu'on doit rester trente-six heures dans un train qui traverse le désert.

Je passe une très mauvaise nuit. Nous sommes assis sur des bancs de bois et si on mesure plus de 1,40 m, le dossier n'est pas assez haut et cisaille les reins ; ça pue les pieds, la transpiration, la fumée de locomotive, le haschich.

Jeudi 24 juin.

J'ai réussi à dormir en m'allongeant sur le plancher avec les fesses d'un autre dormeur en guise de coussin. Il est huit heures, j'ai la bouche pâteuse, et suis recouvert de sable car on a rencontré des vents de sable et les fenêtres étaient ouvertes (le mot fenêtre dans ce train désigne en fait une planche de bois amovible. Les quelques dix fenêtres du wagon en position fermée, nous sommes dans l'obscurité). Un Allemand en mal de Katmandou me raconte les bienfaits du haschich et m'en propose une cigarette. Je refuse.

Nous avons pris quatre heures de retard, car m'a-t-on dit, la pompe qui déverse l'eau dans la chaudière est tombée en panne. Le personnel du train s'est farci la corvée de flotte : on a rempli la chaudière au seau ! Autre incident, à un moment, on voit sur le côté un convoi déraillé ; il s'agit du train ayant précédé celui dans lequel je me trouve.

Nous poursuivons lentement notre route vers l'est. Le voyage est long, ennuyeux. Nous avons tous soif. Lors des nombreux arrêts, tout le monde gueule : « Pani », ce qui veut dire « eau » en Urdu, et se précipite sur des robinets débitant une eau infâme.

Le désert a changé d'aspect : il n'est plus plat. Les stations indiquent leur altitude : de 4 000 à 6 000 pieds. La montagne, très belle et étrange, évoque remarquablement les décors de cinéma ou de théâtre tellement elle est irréelle.

Vendredi 25 juin.

En arrivant à Quetta à trois heures du matin, nous sommes tous fatigués. Dans le train, j'ai fait la connaissance d'un Pakistanais « civilisé ». Il propose de m'offrir l'hôtel dans l'attente du train pour Karachi qui part à 14 h 50. Ledit hôtel, c'est un peu la cour des miracles ; je n'ai plus de force et m'endors sans me déshabiller.

Les bruits d'un marché me réveillent vers dix heures. Je prends un bain dans un local appelé « latrin » : on dispose d'un robinet, d'un seau et d'un quart ressemblant un peu aux récipients que l'on voit dans nos campagnes et qui servent à mesurer une quantité de vin ou de lait. Le quart en question, c'est la douche. Je me « douche » donc ! Mon Pakistanais m'invite à déjeuner et me conduit à la gare en taxi.

Après la locomotive à vapeur, voilà le char tracté par un cheval en guise de taxi : on n'arrête pas le progrès !

Nous allons dans la « sale » d'attente où dorment tous les sans-abris de la ville et nous rencontrons là un monsieur ayant fait le voyage avec nous hier et avant-hier. Une aussi longue cohabitation dans une telle crasse crée des sympathies et nous décidons de voyager ensemble jusqu'à Karachi.

A coup de pourboires nous réussissons l'exploit de trouver des places assises. Chacun veut m'offrir quelque chose : des cigarettes, du thé, ou de la nourriture. La nuit, c'est vraiment le luxe par rapport au trajet précédent puisqu'on a droit, pour dormir, à une demi-planche de bois par personne.

Samedi 26 juin.

L'arrivée à Karachi a lieu en fin de matinée. Je serre de nombreuses mains. Les regards et les sourires que m'adressent ces braves gens lorsque je m'en vais avec mon sac me font penser alors aux aventures de « Tintin et Milou », les héros de mon enfance : Tintin se séparant des Chinois, des Congolais ou des Sud-Américains qu'il a souvent peu connus, et qui éprouvent spontanément à son égard de la sympathie, de l'amitié ou de l'admiration.

J'ai repéré l'aéroport, et m'y rends en une demi-heure, afin d'aller à Air-France dans l'intention de faire acheminer mes documents.

Jacques Royer, un mécanicien d'Air-France, ayant écouté le récit de mes aventures, propose aimablement de m'héberger durant la semaine que je pense passer à Karachi.

Je prends un vrai bain dans une grande baignoire qui me transforme littéralement.

Nous allons déjeuner à l'européenne, car leur cuisine locale très épicée et leur eau imbuvable m'ont donné des maux d'estomac, chose inévitable pour un Européen arrivant au Pakistan, paraît-il. L'après-midi, nous allons sur la plage et avant de rentrer, nous rendons visite à des hippies fumant du haschich à Paradise-Point, situé à l'ouest de Karachi, sur le bord de mer (l'endroit a un nom prédestiné !). Pour ma part, c'est la première fois que je pénètre dans un monde dit de « drogués » et je ressens un malaise. Ces jeunes gens pensent et agissent comme si leur corps ne leur appartenait pas. On m'offre une cigarette, j'aspire deux fois et la rends comme si elle me brûlait les doigts. C'est fort mais c'est très bon. On dirait de l'herbe, on dirait aussi du pain d'épices. Je le dis, et, une jeune fille nouvellement arrivée me dit que c'est le goût du haschich qui l'a séduite plus que le fait de « s'envoyer en l'air ». Mais pour « s'envoyer en l'air il faut fumer toute une soirée », ajoute-t-elle ! « Alors si tu veux rester... » Je ne tiens pas à tenter l'expérience. Elle me dit payer le kilo de marchandise cinquante roupies, soit environ cinquante-cinq francs et si on change les devises au noir, ça revient encore moins cher. Les pêcheurs leur apportent aussi de la nourriture.

Si certains sont en pleine euphorie, je suis persuadé que d'autres regrettent d'avoir franchi le Rubicon. Je vois un couple, avec un gosse de sept ans vigoureux comme un chêne et je trouve dégueulasse que les parents le laissent dans cet univers de déchéance.

Je vois un Grenoblois, devenu une véritable loque humaine. Après quatre mois de séjour, il pèse quarante kilos, reste figé dans un mutisme total. J'essaie d'amorcer une véritable discussion sur un sujet déterminé, mais ils disent des incohérences et articulent difficilement. Nous les laissons à leur félicité car il se fait tard, mais en promettant de les revoir. C'est à ces jeunes que je pense en arrivant à Karachi.

Samedi 26 juin.

Karachi, une ville décevante dans laquelle l'étranger se retrouve difficilement avec le nom des rues si rarement indiqué. Ville sale, avec très peu d'attraits touristiques, peu de vie nocturne.

La mousson ne touche pas Karachi, de sorte qu'il y règne un climat un peu semblable à celui de Téhéran, à la température élevée, l'air sec ; il n'y a pratiment pas de verdure. Je suis étonné de voir aussi peu de femmes. La forte majorité des couples que l'on voit dans les rues de Karachi sont des couples... d'homosexuels : ces M'sieurs-dames se tiennent par la main et s'envoient des regards langoureux pleins de promesses.

Les karachites se vêtissent simplement : les femmes portent le sahri et les hommes portent le Kourta, une espèce de pyjama de couleur blanche en général, la plupart marchent pieds nus. Morphologiquement les Pakistanais sont des gens de taille moyenne, avec le teint foncé, les yeux et le poil noirs.

Les Anglais étant passés par là, on roule donc à gauche, la nourriture est dégueulasse, et la population garde l'air résigné des gens trop longtemps exploités.

Dimanche 27 juin au vendredi 2 juillet.

J'ai eu une excellente presse à Karachi, des entrevues avec la télévision, la radio et les journaux : j'ai raconté comment j'étais parvenu jusqu'à Karachi sans fric et comment j'entendais réaliser mon pari. Les journalistes, emballés, promettent de m'aider à trouver un bateau allant vers l'est. La télé m'a donné un cachet de cinquante roupies, juste suffisant pour acheter un visa pour la Thaïlande. J'ai aussi été reçu par le directeur de l'A.F.P. à Karachi qui s'est proposé de m'héberger pour le cas où...

Jacques, quant à lui, se montre d'une gentillesse très touchante en m'invitant à faire le plein : un jour j'en ai attrapé une indigestion de langoustes.

Le vendredi 2 juillet, après une semaine de vie princière, je me trouve avec une publicité adéquate mais sans bateau : les interventions des journalistes n'ont pas donné de résultat. Je décide donc de faire le porte-à-porte des compagnies de navigation de manière à trouver un job sur un bateau. N'importe quoi : cuisinier, plongeur, steward, machiniste, laveur de pont ! L'essentiel est de partir.

Je contacte trois compagnies : c'est toute une histoire pour accéder au « Big Boss » car les sociétés de Karachi ont systématiquement un fainéant assis sur une chaise, qui fait office de gardien. Ne parlant généralement pas l'anglais, il fait appel à un type quelconque qui appelle son chef qui... Mais on arrive quand même à LE voir en se payant des coups de culot (tandis qu'en France il faut prendre rendez-vous trois mois à l'avance !)

Les patrons des deux premières compagnies sont très emballés ; ils me disent : « Je vous ai vu à la télé. » Seulement l'un ne fait pas l'Extrême-Orient, l'autre y va, mais pas avant un mois. Le directeur de la troisième me fait poireauter une heure avant de m'annoncer, via le gardien, que finalement il ne peut me recevoir et me prie de revenir la semaine prochaine. Je m'en vais, furieux, sans pouvoir faire claquer la porte car il n'y en a pas. Dommage, ça m'aurait défoulé.

A présent il est sept heures et les compagnies de navigation sont fermées. J'irai au port demain pour tenter de m'embarquer sur un bateau et en attendant je vais à la Télé pour retirer le chèque de cinquante roupies qu'ils veulent me donner pour l'émission. C'est une misère, un pourboire, car : 1) c'est une monnaie qui n'a pas cours à l'étranger, 2) je ne peux même pas acheter un billet de bateau pour Bombay car il faudrait le payer en devises.

Je pense à tout ça dans le rick shaw qui m'emmène à la Télé. Le « rick shaw » est une vespa aménagée pour le transport de deux passagers. Variété de taxi très répandue : il y en a 50 000 à Karachi. Nous arrivons à la télé après avoir frisé la catastrophe à plusieurs reprises. Mais le comptable ayant le chèque est parti... alors que le matin, au téléphone, on m'avait assuré que mon chèque serait déposé au standard. Au Pakistan, ce genre de faux renseignement est courant. Il faut savoir garder son sang-froid car on voudrait tout casser dans de telles circonstances. On ne peut rien faire car ces gens se montrent tellement gentils et candides, tellement dépourvus d'agressivité qu'un geste déplacé serait mal venu. On me fait raccompagner à la maison (voyez comme ils sont braves !). Bien triste journée ! Demain c'est le jour « J »...

Samedi 3 juillet.

...car je viens d'apprendre que le « Chinkoa » doit partir pour Singapour dans la nuit de samedi à dimanche et je compte demander au capitaine de me prendre à bord. Le matin, je prépare mon sac, et me rends à onze heures trente à l'hôtel Intercontinental où j'ai rendez-vous avec un journaliste. Il arrive évidemment avec une heure de retard, mais ce n'est pas lui qui doit faire l'interview. On va d'abord manger, ensuite on verra (au Pakistan, il n'y a aucun planning : Inch'Allah !).

Vers quinze heures, le journaliste décide que ce n'est plus le même journal qui doit m'interviewer. Nous passons à la P.P.I. (Pakistan Press International) l'équivalent de l'A.F.P. mais avec des moyens nettement plus modestes.

Leur bâtiment est d'une vétusté et d'une crasse remarquables (un Français m'a assuré que les Karachites sont des gens propres, mais ce n'est pas de leur faute, si, parfois, ils n'ont l'eau que deux heures par jour), leurs bureaux et leurs machines à écrire peuvent avoir un siècle.

Je vois donc un autre journaliste. Mon histoire lui plaît, mais il n'a pas le temps immédiatement et me demande de repasser à dix-sept heures. Je glande, seul dans les rues dans l'attente du rendez-vous.

Les pauvres de la ville m'accostent souvent pour me demander de l'argent. Le truc à la mode c'est la mère et l'enfant : la mère fait comprendre qu'elle veut donner à manger au moins à l'enfant qu'elle tient dans ses bras. Très touchant, mais je n'y peux rien. Personne n'y peut rien d'ailleurs.

Leurs moyens d'existence, c'est le maigre salaire du père lorsqu'il travaille, et on m'a assuré qu'à Karachi beaucoup de gens ne gagnent pas plus de cinquante roupies par mois, soit cinquante cinq francs. Quelle disproportion avec les salaires de France !

Zut, il est dix-sept heures et je vais être en retard. En bon Européen, je téléphone à la P.P.I. pour prévenir le journaliste de mon retard : il n'est pas là, mais ne saurait tarder. Je me précipite à l'agence et à l'entrée de l'immeuble, un gamin d'une dizaine d'années s'agenouille à mes pieds, se relève aussitôt pour me demander de l'argent ! Pauvre gosse ! Au bureau un type prétentieux me reçoit et me dit que le journaliste n'est pas là et ne rentrera probablement que lundi matin. Je l'envoie sur les roses et lui dit en français, en songeant au gosse agenouillé : « Ça n'est pas avec des méthodes de travail aussi bâtardes que vous pourrez sortir de votre merde ! »

Je rentre chez Jacques Royer, prends une dernière douche et un dernier repas avant d'affronter la nouvelle étape, maritime cette fois-ci : vers Bombay, Colombo ou Singapour. Jacques m'accompagne jusqu'au port.

Il est vingt-trois heures, l'entrée du port est très éclairée et de nombreux gardes sont présents. Je demande à passer, mais rien à faire, c'est interdit, à moins d'obtenir un laissez-passer qui sera peut-être accordé par un bureau situé à l'autre bout du port.

La distance à parcourir est importante et un policier me donne l'argent nécessaire pour prendre le bus. J'arrive donc à une autre entrée près de laquelle se trouve ledit bureau. L'entrée est presque dans l'obscurité et personne en faction. Je m'approche discrètement de la maison des gardiens : certains jouent aux cartes, d'autres discutent. Je dois exploiter ces quelques instants d'inattention. Je passe la porte sans précipitation, mais sans flâner non plus, et en prenant un air assuré. Personne n'a rien vu. Me voici donc dans la place.

L'atmosphère est séduisante : tous ces bateaux éclairés par les projecteurs, chargeant ou déchargeant des colis allant et venant de toutes les parties du monde. Je me serais bien fait colis.

Là j'apprends que le « Chinkoa » est à un kilomètre environ. Lorsque je monte à bord, je suis en nage. Le « Chief Officer » m'offre une bière. Je lui raconte mon périple : ça lui plaît, mais le capitaine est couché et il faudra repasser le matin. Néanmoins il n'est pas très optimiste car les cargos sont soumis à des règles strictes, dont celle qui consiste à refuser de prendre à bord des gens ne faisant pas partie de l'équipage. Affaire à suivre.

Je redescends et repère un cargo battant pavillon Pakistanais, « L'Ohrmazd ». Ils seront peut-être moins stricts. On m'envoie un officier et celui-ci dit m'avoir vu à la télé. Il est disposé à m'aider mais « The capitaine étant at the bed », il faut attendre le lendemain. Toutefois il me propose gentiment de dormir sur un canapé.

Dimanche 4 juillet.

Je viens de passer une mauvaise nuit car les dockers n'ont pas cessé de charger le bateau. Je vais faire un brin de toilette et malheureusement le capitaine entre au moment où je me lave les dents. N'étant pas au courant, j'imagine à sa tête qu'il doit trouver ma présence à bord un peu sans-gêne.

Ça commence mal, je n'arrive pas à placer une seule parole, et finalement me fais expulser du bateau. Aucun regret de ce malheureux concours de circonstances car un docker me dit que « L'Ohrmazd » est l'un des nombreux bateaux réquisitionnés par l'armée pour acheminer du matériel militaire vers le Pakistan Oriental (Bangladesh), en conséquence on n'aurait sans doute pas pu me prendre.

Je poursuis ma partie de bateau-stop. Le capitaine du « Chinkoa » refuse catégoriquement de m'aider. Très britannique, il ajoute qu'il peut me prendre jusqu'à Singapour en passager payant au tarif de cent quarante livres sterling. Je le remercie du précieux renseignement et m'en vais.

Le bateau suivant va à Singapour. Le capitaine connaît bien la France et en a gardé un excellent souvenir. Il ne peut me prendre car les « régulations » de sa Compagnie ne l'y autorisent pas, mais il veut m'aider d'une façon très sympathique : « Je suis à quai pour plusieurs jours, dit-il, alors je peux vous offrir une cabine et vous prendrez vos repas à bord, le temps de trouver un bateau qui puisse vous emmener à Singapour. »

TURQUIE :

« ...Le bus est parfois arrêté par des barrages de l'armée... :

IRAN :

Le conflit des générations ? Bof !

IRAN :
« ...Cette saloperie d[e]
désert y en a marr[e] »

PAKISTAN :
Une locomotive et s[on]
« équipage »

AKISTAN : Un peu comme le métro aux heures d'affluence !

NDE : Immeuble... en construction, à Delhi.

INDE :
Une rue de Bombay.

INDE :
Un paysan et sa vache.

Le capitaine fait venir les officiers dans sa cabine et offre un pot en mon honneur. Nous descendons ensuite au mess pour le déjeuner. Repas excellent, arrosé avec du vin de France !

L'après-midi, je recommence ma visite des bateaux et cette fois-ci je suis débarrassé de mon sac. C'est important, car trente kilos sur les épaules, c'est de la besogne de galérien, et le mot est de circonstance ! Il est seize heures. Toujours rien, je commence à avoir des doutes sur tout ce qu'on peut dire sur les voyages en bateau sans payer ou en échange d'un travail à bord.

J'en visite encore un et veux m'arrêter pour aujourd'hui. Ce sera peut-être le bon. Et effectivement le capitaine m'accepte. Mais lorsqu'il me montre son itinéraire ça ne colle pas : il remonte vers le Golfe Persique avant d'aller vers l'est, et ça représente trois semaines de perdues. Je rentre donc au « Star Betelgeuse », c'est le nom du bateau de Jan Malmberg, ce capitaine m'ayant offert l'hospitalité. Je fais part de ma déception à mon nouvel ami : dix jours passés à Karachi pour rien ! J'étais persuadé que mon émission à la télé et les articles de journaux allaient donner un résultat.

Pour me remonter le moral, il m'invite à dîner en ville. Ce soir on bouffera chinois. On rentre assez tôt, et je dors pour la première fois dans la cabine d'un bateau... à quai malheureusement.

Lundi 5 juillet.

Je vais passer à nouveau la journée entière dans la crasse du port. Résultat négatif. En conséquence, je décide de modifier mon trajet : la frontière pakistano-indienne est ouverte à un seul endroit, près de Lahore. Je vais donc remonter à Lahore, au nord du Pakistan, puis aller sur Delhi. Jan Malmberg m'accompagne en ville et en me quittant veut absolument me donner dix dollars.

C'est un type vraiment bien : il m'a nourri et logé pendant vingt-quatre heures, m'a aidé financièrement, en nous quittant nous étions très amis, néanmoins il a toujours refusé de me prendre à bord pour ne pas enfreindre le règlement ; un pur, un incorruptible comme il y en a peu. J'espère qu'on se reverra.

Il me reste quelques roupies et je prends un taxi pour me rendre chez Monsieur Lamoureux, le correspondant de l'A.F.P., qui m'a gentiment proposé de m'héberger si ma tentative d'embarquement échouait. Il est sur le point de partir pour Islamabad, la capitale du Pakistan, j'aurai donc sa grande maison et ses domestiques pour moi seul.

Les domestiques abondent dans les maisons d'Européens en poste à Karachi car le personnel est bon marché.

On a souvent l'organisation suivante :

1°) le « bearer » fait le service et remplit les fonctions de maître d'hôtel,

2°) le « cook » fait la cuisine,

3°) le « sweeper » le ménage,

4°) le « doby » la lessive,

5°) le « driver » c'est le chauffeur,

6°) le « chukila » le gardien.

Ils sont parfois logés, auquel cas ils hébergent la tante, l'oncle ou la nièce et s'entassent à plusieurs par pièce.

Le soir, je fais le bilan de ces dix jours passés à Karachi : négatif !...

Mardi 6 juillet.

Je vais encaisser mon chèque de cinquante roupies, reçu pour mon passage à la télévision et l'après-midi me rend à la piscine de l'Intercontinental, en annonçant un numéro de chambre bidon. J'y rencontre un équipage d'Air-France et le commandant de bord m'invite à une pêche au crabe prévue pour le lendemain matin. On pêchera le crabe, l'après-midi le bateau nous promènera dans la lagune et on pourra s'y baigner.

Je reporte donc mon départ pour Lahore à jeudi. En fin d'après-midi, je cherche à draguer dans l'hôtel, car après un mois d'abstinence, ça commence à protester méchamment. Je repère une belle blonde, Américaine probablement, mais accompagnée d'un Pakistanais. Si le vent doit tourner, je m'occuperai de son cas. Vingt minutes plus tard situation inchangée alors j'essaie autre chose : une Européenne au teint pâle, quelques taches de rousseur, timide et pas très belle : ça ne peut être qu'une Anglaise.

Je suis sur le point de passer à l'offensive lorsque apparaît une des hôtesses rencontrées à la piscine.

Les politesses habituelles et le soir, je l'invite à prendre un pot « chez moi ».

On a une longue discussion très intéressante qui se termine comme doivent se terminer toutes les discussions entre fille et garçon.

Mercredi 7 juillet.

Réveil un peu difficile mais on arrive quand même à l'Intercontinental à l'heure fixée la veille : neuf heures.

Tout est prévu : vin, fromage, et même caviar pour compléter notre pêche au crabe.

Le bateau prend la mer à dix heures. On oublie qu'on est pilote, navigateur, hôtesse... ou globe-trotter : le même régime pour tout le monde : onze lignes trempent dans l'eau et attendent les victimes. On a appris aux gens du bateau le terme « épuisette ». Lorsque ça mord ou plutôt lorsque ça pince, on crie « épuisette », et l'un d'eux rapplique pour réception-ner le crabe. Une heure de pêche s'avère suffisante pour nourrir la troupe. Nos esclaves préparent à manger pendant que nous prenons un bain.

Le navire vogue ensuite vers la plage où nous allons déjeuner. Au programme, salade de crabe, crabe au curry, caviar, fromage ; boissons : blanc du Mâconnais, Bordeaux et Bourgogne.

Je trouve absolument délicieux que « Monsieur cinq francs » (tel est le surnom qui m'a été donné à plusieurs reprises) boive du vin dans un pays où le vin est fabuleusement cher et s'offre le luxe de manger du caviar.

L'après-midi, nous rentrons au port. Je veux prendre quelques photos des unités de la marine pakistanaise, mais le patron du bateau réagit vivement et me fait comprendre que tout le monde risque la prison si l'on me surprend à photographier le port de Karachi. Achtung ! Verboten !

Nous arrivons à l'hôtel en fin d'après-midi. Mon amie m'invite à dîner dans un restaurant chinois. A l'hôtel je lui fais part de ma reconnaissance, puis nous nous séparons car elle doit s'embarquer pour un vol.

Jeudi 8 juillet.

Je me rends à l'Ambassade de Thaïlande pour un visa. L'opération aura été délicate, mais j'ai fini par l'avoir mon visa. Départ du train pour Lahore à quinze heures. Je monte, sans billet naturellement.

Pas de place assise, je vais donc rester sur mon sac durant vingt-quatre heures (la distance Karachi-Lahore est de mille trois cents kilomètres) au milieu de la merde habituelle.

Vers vingt heures le train s'arrête à Sukkur pour nous permettre de dîner. Je me fais draguer par un Pakistanais qui me paye à manger, puis essaye de me prendre la main, chose très courante dans ce pays et preuve de solide amitié (de profondes attaches si je peux me permettre l'expression). L'homosexualité n'a pas une signification aussi péjorative qu'en Europe. Du fait qu'il y a peu de femmes, disons-le brutalement, les mecs se payent des mecs.

Je lui dis donc que je ne suis pas celle qu'il pense et il regagne son wagon, peut-être un peu vexé. Le voyage se poursuit dans les mauvaises conditions habituelles. Nuit très pénible, peu dormi.

Vendredi 9 juillet.

Jusqu'à présent, un seul contrôle, dont je me tire en jouant à cache-cache avec le contrôleur. Mais il faudra faire très attention car cette ligne, m'a-t-on dit, est contrôlée à plusieurs reprises.

Comme j'ai raconté mon épopée et que je commence à être connu dans le wagon, le plus simple sera peut-être d'avouer que j'ai cherché à truander la S.N.C.F. locale et ça devrait marcher avec le soutien de mes compagnons de voyage.

Deuxième et troisième contrôles : aucun problème. Quatrième contrôle : le type ne veut rien savoir. Il ajoute que si je ne paye pas cela pourrait me valoir des ennuis.

Devant son attitude menaçante, je décide de faire un truc marrant : nous sommes à la fin du voyage et après marchandage il est disposé à ne me faire payer que le quart du parcours.

Je mets donc aux enchères une lampe de poche et un jeu de cartes. Un attroupement important se constitue. Tout le monde sympathise et je réunis la somme demandée : onze roupies avec l'amende.

Le train arrive à Lahore. Au terme de ces mille trois cents kilomètres, le paysage a tout à fait changé : beaucoup de verdure car ici la mousson provoque des chutes de pluies pratiquement inexistantes à Karachi. Dans la gare, je rencontre un groupe de Français qui attend un car devant aller à la frontière pakistano-indienne. On m'apprend qu'il faut un « Permit-Road » pour aller jusqu'à cette frontière. Nouvelle difficulté. Il est maintenant onze heures trente et les bureaux délivrant ce permis ferment à midi.

Or, la chef de groupe, partie à huit heures, n'est pas encore revenue. J'imagine ces bureaux : une bande de fonctionnaires cons, ayant la consigne de couper les cheveux en mille pour les candidats au passage de la frontière pakistano-indienne. Donc, je n'ai aucune chance d'avoir le « Permit-Road » à temps pour prendre le seul bus qui aille à la frontière une fois par jour, à douze heures trente. J'irai quand même avec les Français et on verra.

La chef de groupe arrive ; elle se prénomme Anne-Marie.

Nous arrivons à la frontière à quatorze heures après un mémorable voyage dans ces cars pakistanais où chaque virage est une véritable aventure. Le « Permit-Road » est collectif, donc Anne-Marie ajoute tout simplement mon nom sur la liste qu'elle présente à la police.

Les formalités de sortie du Pakistan et d'entrée en Inde durent QUATRE HEURES. Nous arrivons donc « de l'autre côté » à dix-huit heures. Tout le monde est fatigué et nous décidons de prendre le bus jusqu'à un hôtel situé à quelques kilomètres de la frontière.

Le départ est prévu à dix-huit heures trente. A dix-huit heures trente, toujours pas de chauffeur. Je demande au type qui vend les billets pourquoi doit-on attendre ? Il annonce que finalement on ne partira qu'à dix-neuf heures trente. A l'intérieur du car, le thermomètre affiche 50°. On descend donc pour être aussitôt assaillis par une bande de gosses voulant vendre leurs cocas et leurs gâteaux.

Leur manière de vendre est absolument délirante :

1°) prix prohibitifs,

2°) ils se trompent volontairement et à leur avantage dans la monnaie rendue,

3°) ou bien ne la rendent pas du tout et proposent en échange de la boisson ou des gâteaux.

Il faut véritablement les menacer pour obtenir ce qui est dû.

Dix-neuf heures trente, l'heure du départ ; il fait trop chaud à l'intérieur du car, donc je monte sur la galerie avec d'autres éléments du groupe et là, essaie de faire accélérer l'embarquement des passagers en utilisant mon sifflet. Tout le monde accourt aussitôt en pensant qu'il s'agit d'un ultimatum lancé par le contrôleur. Le car nous dépose à l'hôtel à vingt heures.

On se lave, on se restaure. Une fois de plus, c'est la bagarre des prix. On refuse de payer le tarif demandé et on trouve un compromis.

Je ne pense pas qu'au Pakistan et en Inde les gens soient voleurs, mais lorsqu'ils servent des Européens, ils majorent toujours les prix de quelques roupies.

Le patron de l'hôtel perçoit auprès de chacun le prix du repas et de la chambre ; profitant des protestations générales je pars sans payer : c'est la première action hors la loi que je commets, mais sans aucun remords car le patron de l'hôtel a voulu nous truander de première !

Samedi 10 juillet.

L'éclatement du groupe est prévu dès aujourd'hui. Les uns vont au Cachemire, les autres vont à Bombay, d'autres encore vont à Delhi. Je choisis cette direction et me fais transporter par un couple de Hollandais en Land Rover. Lui c'est Frits, elle Margaret. Sur cette route menant à Delhi, beaucoup plus de circulation qu'au Pakistan. Le paysage est agréable : beaucoup de verdure, de vénérables tamaris bien plus beaux et gros que ceux de Provence, de nombreux canaux d'irrigation.

Dans cette atmosphère plus familière, je respire enfin, après avoir passé de trop nombreux jours dans cet infernal désert qui s'étend du sud de l'Iran jusqu'à Karachi.

On voit effectivement les fameuses vaches sacrées, nonchalantes et emmerdantes car, comme tous les bovidés, elles possèdent l'art génial de gêner la circulation.

Voici donc l'Inde, ce pays de légendes fabuleuses. Nous croisons de nombreux Sikhs coiffés de leurs turbans et ne nous arrêtons presque pas jusqu'à Delhi où nous arrivons en fin d'après-midi.

Delhi ne donne pas l'impresion d'une capitale ordinaire, mais plutôt d'une ville très provinciale, avec des parcs immenses. Le New-Delhi est résidentiel, l'Old Delhi populaire. On n'a curieusement pas cette impression de foule compacte comme à Paris, Rome, Téhéran.

Dans les rues, une multitude de taxis comme à Karachi.

Nous installons la tente dans un camping situé au cœur de la ville, puis les Hollandais m'invitent à dîner.

Au cours du repas, nous évoquons leur voyage : Margaret et Frits vont visiter l'Inde puis s'embarquer pour l'Afrique où ils pensent rester jusqu'en mai 1972. Frits est docteur en médecine. Il a de l'argent pour le voyage, et il le récupérera par les articles qu'il écrit pour un journal. Tous les deux ont, comme moi, le goût de l'aventure, une aventure tout de même plus confortable.

Nous mettons au point les modalités de notre séparation prévue le lendemain matin : ils m'accompagneront jusqu'à l'aéroport où je pense contacter Air-France pour l'expédition de mes notes de voyage.

Dimanche 11 juillet au mercredi 21 juillet.

Dix jours à Delhi, quelques événements marquants :

1°) Monsieur Jean Vincent, de l'A.F.P., m'a hébergé, nourri, logé, prêté sa voiture... avec chauffeur, offert de l'argent. Mémorable passage à l'A.F.P.

2°) Le mercredi 14 juillet, après la réception donnée à la résidence de l'Ambassadeur, celui-ci m'a invité, ainsi que trois jeunes filles, à nous jeter sur les toasts, bouteilles de champagne et de whisky qui restaient.

Les trois jeunes filles n'ayant pas de logement, ont dormi dans la résidence de l'Ambassadeur et en ayant trouvé une à mon goût, j'ai aussi profité des appartements de son Excellence. En conclusion, son

Excellence m'a invité à manger, boire, aimer et dormir chez lui. S'il doit lire ces quelques lignes, je le remercie sincèrement et le prie de croire à l'assurance de ma haute considération.

3°) Eu une excellente presse, comme à Karachi (télé, radio, journaux).

4°) Dragué une Indienne, ce qui est une performance paraît-il.

5°) La même Indienne m'a refilé une blennorragie et je suis en train de me soigner : je vais perdre quelques jours à absorber sagement des antibiotiques.

Du jeudi 22 juillet au dimanche 25 juillet.

Suite et fin de mon... rhume de cerveau. Dimanche, l'attaché commercial de l'ambassade m'invite à déjeuner à l'Intercontinental.

Au dîner, Jean Vincent fait servir le champagne à l'occasion de mon départ. Mon traitement interdit les boissons alcoolisées, mais au diable ces sages recommandations, boire du champagne en Inde et offert avec tellement de gentillesse ça ne se refuse pas.

Dans une douce euphorie je remets mon sort aux mains de Morphée. A plus tard, chers lecteurs.

Lundi 26 juillet.

Le Professeur Doré, Conseiller culturel à l'ambassade, m'invite à déjeuner. Excellent repas, comme vous pouvez l'imaginer, avec le vice-chancelier de je ne sais pas trop quoi. Une conversation intéressante, puis un bain dans la piscine du Professeur et il est dix-sept heures. Trop tard pour partir. Je remets donc mon départ à demain, définitif cette fois-ci : il faut que je quitte Delhi.

Mes amis de France attendent des aventures intéressantes alors que je me fais du lard chez Jean Vincent. Le soir, je mets au point ma stratégie pour l'étape suivante. Trois routes possibles :

1°) Aller en Birmanie, Thaïlande, Malaisie, puis Singapour.

2°) Quitte à faire marche arrière, aller au Japon via l'U.R.S.S. que je traverserais d'ouest en est jusqu'à Vladivostok.

3°) Descendre en stop à Colombo (capitale de Ceylan).

La première solution : les frontières terrestres de la Birmanie étant fermées, je ne pourrais passer (peut-être) que clandestinement. Mais dans la partie extrême orientale de l'Inde et dans toute la Birmanie sévissent des troubles graves qui, dans les meilleures hypothèses, risqueraient de me faire perdre du temps. [1°) En guise d'autoroute, c'est la machette et une bonne paire de jambes pour traverser la jungle. 2°) Les éventuels séjours en prison ou « détention » abusive chez les révolutionnaires] et, au pire... je n'aurais jamais pu écrire ce livre.

L'aventure me tente mais le risque quand même trop grand.

Deuxième solution : si les Russes me donnent un hypothétique visa, je reconsidère le trajet en faisant demi-tour jusqu'à Kaboul, pour aller à

Tachkent, Novosibirsk, Vladivostok. Ainsi j'irais au Japon presque en ligne droite, au niveau du cinquantième parallèle, distance beaucoup plus courte qu'en passant par Colombo et Singapour, situés près de l'Equateur.

Donc j'irai à l'ambassade d'U.R.S.S. demain matin et s'ils refusent, troisième solution : distance la plus longue, mais solution la plus sûre, la plus raisonnable : aller en stop jusqu'à Colombo. Là, il y a un trafic de bateau absolument gigantesque, m'a-t-on dit, et je vais bien en trouver UN dans la masse pour aller vers l'Est.

Tout est clair à présent : je crois bien que les Russes vont refuser et je me vois déjà sur la route de Colombo... Puis je ne vois plus rien du tout car il est trois heures du matin et j'ai sommeil.

Mardi 27 juillet.

A l'Ambassade russe, le type de l'Intourist me dit poliment que mon truc, c'est pas sérieux. Je ramasse mes billes et m'en vais. Alors je rencontre des Espagnols qui vont à Ceylan en voiture, et qui pensent rentrer ensuite par l'U.R.S.S., ce qui explique leur présence ici. Je leur raconte mon échec et demande s'ils peuvent me prendre jusqu'à Ceylan. Ils acceptent soit trois mille sept cents kilomètres en perspective sans avoir à lever le pouce !... Nous allons à l'A.F.P. pour récupérer mon sac ; Jean Vincent nous retient à déjeuner. On se sépare à regret, on se remercie mutuellement, on se serre la main, on se promet des tas de trucs et, ensuite, le départ.

Mes auto-stoppés sont une famille composée des parents et de deux enfants.

La conversation se fait en espagnol et en français. Antoine, dit « Chicho », le chef de famille, me dit fumer du haschich ou du kif et prendre parfois du LSD et de la mescaline. Son équilibre et l'ambiance saine de cette famille m'ont donné à penser que, pour une personne raisonnable, fumer du haschich ne pouvait pas avoir de conséquences trop néfastes. Je tente donc l'expérience (une de plus). On a ensuite une impression de bien-être. Les sensations sont, paraît-il, différentes d'un individu à l'autre, et pour ma part je ressens comme un orgasme au niveau de la poitrine lorsque j'aspire de l'air. Cette agréable sensation se dissipe rapidement car j'ai peu fumé.

...Le soir nous dormons à Agra, à l'intérieur de l'Estafette.

Mercredi 28 juillet.

Réveillés par les moustiques (qui portent parfois le paludisme, d'où la nécessité d'un traitement préventif à base de quinine), nous poursuivons notre périple dès six heures.

La route est bien asphaltée mais sur une voie seulement. Lorsque nous croisons un camion il faut s'envoyer les bas-côtés, et certains abrutis ne voulant pas quitter la partie asphaltée, à plusieurs reprises on frise le crash. Néanmoins tout se passe bien jusqu'à Udaipur où nous passons la nuit. Ne voulant pas être trop à la charge de mon cher fumeur de Hasch, je refuse la chambre proposée et dors dans la voiture.

Jeudi 29 juillet.

Bien triste réveil le matin, car la vitre étant ouverte, on a volé ma montre et mon short. C'est dégueulasse. J'en chialerais presque d'avoir été naïf au point de laisser la vitre ouverte ! J'ai pas le moral, les mecs ! Je me précipite à leur chambre pour leur expliquer l'affaire et demander un double de la clé de l'Estafette (celle-ci se trouvant dans le short volé). Je boucle la bagnole et me précipite à la police, où je suis reçu par le chef de police de la ville, s'il vous plaît. Je lui explique mon truc, calmement sinon il m'enverrait chez Plumeau ! Et aussitôt il distribue des ordres à deux sous-fifres qui lui font un salut impeccable. Le propre des villes peu importantes, c'est le respect des gens pour les personnalités. Lorsque le chef et moi nous sortons du P.C. de la police avec la jeep, même les civils nonchalamment assis sur le trottoir se lèvent à notre passage. Il est vrai qu'en Orient au moins, les gens ont la trouille des flics et des militaires.

Revenons à nos moutons : nous allons à l'hôtel et le chef note tous les éléments. En dépit de son évidente bonne volonté, les règlements de la splendide administration indienne font qu'il faut remplir des trucs en quadruple ou quintuple exemplaires, et le tout prend près de deux heures. « Libéré » vers huit heures trente avec la promesse d'une énergique enquête, je rejoins mes gens qui n'attendent plus que moi pour partir. Je fais la gueule jusqu'au soir en pensant à ma montre.

On voit des tas de choses très pittoresques auxquelles je reste indifférent : des éléphants en balade sur la route, des singes regardant passer les bagnoles, des paons magnifiques, une végétation très abondante, des temples anciens. La nature est très belle et riche au Rajasthan (nom de la province que nous traversons) mais les villes sont décevantes : très sales, beaucoup de misère, d'handicapés de toutes sortes, des gosses à poil, des vaches faisant la sieste au beau milieu de la route.

A plusieurs reprises, nous devons demander notre chemin car les panneaux indicateurs s'avèrent, ici aussi, d'une espèce rare. Lorsqu'on pose une telle question, on vous répond invariablement que c'est tout droit avec un air d'une rare stupidité. A croire que les Indiens sont biologiquement cons. Bref, on s'égare à plusieurs reprises, mais à minuit nous ne somme plus qu'à cent cinquante kilomètres de Bombay.

Dans cette période de mousson la pluie gêne beaucoup ; nous nous arrêtons donc dans un champ pour dormir.

Je fais une petite mise au point sur ce que je pense des Indiens. Ma sévérité s'explique par le fait de mauvaises expériences car Chicho me dit que les Indiens sont serviables ; ce qui est vrai, un peu réservés, très ignorants mais tout de même pas (trop) stupides.

Vendredi 30 juillet.

Nous mettons le cap sur Bombay où nous arrivons vers midi. Nous nous payons un bon gueuleton, à l'indienne bien sûr. La nourriture, présentée sur une feuille de bananier, est très épicée et on mange le riz avec les doigts. Christofle ils connaissent pas ! C'était le même topo au Pakistan et en Iran d'ailleurs : « With the Hand ». Donc repas assez folklorique. Ensuite visite de la ville.

Nous nous attardons un peu dans les quartiers populaires où nous sommes assaillis par une horde de mendiants crevant de faim. Nous nous esquivons, avec difficulté, car nous commençons à faire recette.

Le soir nous arrivons à Alibag (cent kilomètres au sud de Bombay) : une ville très surprenante par sa propreté, par l'amabilité, la curiosité discrète, l'esprit ouvert des gens.

Pour la première fois, je me sens bien en Inde. Tout le monde est emballé et nous décidons d'y rester jusqu'à dimanche matin.

Nous dînons à l'hôtel puis allons voir les nombreuses petites boutiques.

Les odeurs de crasse, de nourriture douteuse s'y mêlent à celle de l'encens. De vieux Sikhs barbus et enturbannés attendent paisiblement les éventuels clients. Plus rien à voir avec le racolage étourdissant propre aux pays musulmans. Lorsqu'on demande les tarifs, les marchands hésitent un peu, se demandant de combien ils doivent majorer pour ces riches européens !

Nuit sans problème car l'hôtel est propre et n'a pas de mauvaises odeurs, qualités rares.

Samedi 31 juillet.

Journée de vacances classique avec visite d'un ancien fort construit sur une petite île, shopping et cinéma.

Deux mots sur les films indiens : ils durent trois heures (deux périodes de une heure trente). Techniquement, c'est mauvais : une même scène se trouve fréquemment coupée à plusieurs reprises, le choix des plans n'est pas bon, l'habileté du caméraman va souvent couper le bras ou les pieds d'un acteur, leur procédé couleur est farouchement mauvais, et le jeu des acteurs plutôt déplorable. Pour ma part, je rentre à la mi-temps pour me soigner, car j'ai une bonne grippe.

Dimanche 1ᵉʳ août.

Malade à crever : grippe plus mal aux reins, je fais le voyage jusqu'à Goa, soit cinq cents kilomètres, allongé sur la banquette arrière et dors constamment.

Lundi 2 août.

Nous arrivons à une heure du matin, dans l'état de Goa ; mais le manque d'indications aidant, nous arrivons à Panjim, la capitale, à quatre heures. Nous dormons quelques heures dans la voiture, puis partons à la recherche d'un hôtel. Je fais mon entrée dans l'établissement sélectionné en pyjama, ce qui surprend un peu. Je vais passer la journée à dormir et à avaler des cachets. Le soir, nous faisons un tour dans la ville.

Goa a conservé sa personnalité d'ancienne colonie portugaise. On y voit de nombreuses maisons de style colonial, naturellement dans un état lamentable, car les Indiens n'ont pas les moyens.

Des bistrots, des boutiques ont encore des noms portugais. Un touriste européen a souvent de la difficulté à trouver un restaurant non végétarien en Inde (because Vichnou and co), par contre, à Goa, il y a ce qu'il faut. On peut même boire de la bière, ici boisson de luxe.

Dans la région de Panjim, la nature est magnifique et redoutablement propice aux promenades sentimentales.

Bien évidemment, nous rencontrons deux touristes français (il y en a beaucoup en Inde). Ils sont sympa, nous dînons ensemble et fixons un rendez-vous pour aller sur la plage le lendemain matin.

Mardi 3 août.

Notre petite équipe est au complet vers onze heures, et nous mettons le cap sur Calangute, une plage située à une quinzaine de kilomètres au nord de Panjim. Les Espagnols offrent le déjeuner au cours duquel nous décidons de nous séparer le lendemain car l'endroit leur plaît et ils veulent y rester dix jours avant de poursuivre vers Ceylan. Les deux Français, Aurélien et Christiane, feront avec moi le voyage en train jusqu'à Pondichéry et je pense que leur présence pourra être très utile pour « prendre mes dispositions » lors du passage d'un contrôleur.

L'après-midi, bains de mer et de soleil et le soir je me sens bien mieux et m'endors aux sons d'un flamenco joué par Antoine et Aurélien.

Mercredi 4 août.

Je fais mes adieux à cette sympathique famille qui m'a fait faire deux mille kilomètres, m'a nourri et logé pendant une semaine.

Christiane et Aurélien veulent prendre le relais en ce qui concerne la nourriture durant les trois jours nécessaires pour joindre Pondichéry. Le monde est décidément plein de braves gens ! Pour aller à la station de chemin de fer, il faut s'envoyer quatre-vingts kilomètres. Le train partant à dix-sept heures trente, nous quittons Panjim en début d'après-midi de manière à avoir un peu d'avance et de la place dans le train. On fait du stop. Un type nous prend à bord de sa bagnole sur trente kilomètres et, manque de bol, il crève et l'on est contraints de recommencer.

Un bus s'arrête. Le chauffeur, remarquant sans doute la présence de trois touristes, fait une démonstration de conduite en oubliant que l'art du dérapage contrôlé avec un car obéit à des règles différentes de celles régissant la conduite d'une voiture. On se paie des virages et des dépassements à des vitesses assez extraordinaires et nos inquiétudes de rater le train se dissipent rapidement.

On arrive entiers à la gare, mais un incident inattendu aurait pu retarder le voyage : un Indien s'étant fait voler sa montre dans le car (une victime de plus) nous a suivi jusqu'à la gare en accusant Christiane d'être l'auteur du larcin. Il veut qu'on le suive jusqu'à la police et, par chance, un policier se trouve dans la gare. A mes deux interlocuteurs, je pose alors le problème de la façon suivante : « Primo on vous suit au poste de police, secundo vous portez plainte contre Mademoiselle et on nous fouille, mais tertio si vous ne trouvez rien, vous payez trois chambres au « Mandovi » (l'Hilton local) et vous aurez une réclamation carabinée via notre Ambassade avec demande de dommages et intérêts. » Lui ayant envoyé ça en pleine poire, le type commence à se calmer, le flic et la foule nous entourant se foutent de la gueule du volé, et finalement tout s'arrange. Heureusement, car c'était mal barré !

Mes deux compatriotes possèdent des billets de seconde classe, mais le train n'ayant pas de wagons de secondes, nous nous rabattons sur les troisièmes, naturellement bondées. Un engin à vapeur nous tracte et sa vitesse n'est pas transcendante. Cet amoncellement humain traduit toute la pauvreté de l'Inde, les gens peu et mal vêtus dardent sur nous des regards malheureux et envieux. La plupart mangent avec les mains une maigre ration de riz aux innombrables épices qui a été soigneusement emballée dans une feuille de bananier.

Des marchands ambulants profitent des nombreux arrêts de train (même en rase campagne, cause voie unique !) pour monter dans les wagons et proposer leur nourriture : des espèces de graines infectes et malodorantes.

L'Inde est le pays des odeurs : l'encens, l'odeur

de crasse, les gosses qui pissent, leurs fantastiques bagages aux formes et aux contenus les plus abracadabrants, les innombrables handicapés physiques dont les infirmités dégagent parfois des relents putrides...

Pauvres gens ! Un vieux bougre marche sur les genoux (il a les deux jambes coupées), tend désespérément vers moi ses bras filiformes pour que je lui donne un peu d'argent. Ça me fait chialer les amis. Doucement, bien sûr, mais je sens sur ma joue un peu d'humidité et j'ai honte. Honte de ne pas pouvoir l'aider.

Vers vingt-et-une heures, nous parvenons à une station où il y a des deuxièmes classes et notre déménagement est remarqué par un contrôleur qui rapplique aussitôt. Je réussis à m'esquiver et vais près de la locomotive, dans l'obscurité. Je fais mine de m'intéresser au fonctionnement du monstre et suis très surpris lorsque le conducteur m'invite à faire le parcours avec lui dans le « poste de pilotage ». J'avoue être impressionné et pas très rassuré par cette machine, mais l'expérience est intéressante.

Je réintègre le wagon au prochain arrêt, noir de poussière de charbon, et tout le monde se marre lorsque j'annonce ce qui vient de m'arriver..., y compris le contrôleur dont je n'avais pas remarqué la présence.

Bon enfant, il comprend ma situation et ferme les yeux.

Pour ne pas avoir trop d'ennuis lors d'un prochain contrôle, Aurélien me donne un billet, utilisable sur un trajet différent, mais ça marchera si le contrôleur le regarde rapidement. Je passe une bonne nuit car il y a peu de monde et je peux dormir dans de bonnes conditions.

Jeudi 5 août.

Réveil en fanfare. Les contrôleurs ont lancé la méchante offensive et ils sont six à écouter mes salades. S'il y en avait eu un seul, j'aurais pu m'en tirer, mais ne voulant pas passer pour abruti vis-à-vis de ses collègues, le type reste ferme sur les prix : mon billet n'est pas valable sur ce trajet, il faut cracher sinon : les flics.

Effectivement il est écrit sur la paroi du wagon que quiconque voyage sans billet peut être mis au frais pendant trois mois. J'imagine tout de suite la bonne prison indienne, sans flotte, un bol de riz en guise de repas, des rats qui vous courent entre les jambes et une dysenterie carabinée en finale. Je pense à ces choses peu réjouissantes lorsque Christiane me donne de l'argent pour l'achat d'un billet jusqu'à Bangalore.

Je fulmine, profondément vexé que le contrôleur ait eu le dessus ! Merde alors, mais ça ne se passera pas comme ça. Cette bande de Schpounz ayant évacué les lieux je procède à certaines modifications des installations telles que ventilateurs et accoudoirs, bloque la chasse d'eau, pisse dans le lavabo. Puéril mais ça défoule (je suis persuadé que certains désapprouvent !)

L'honneur sauf, je fais un sourire béat à mes compagnons de voyage qui, à la station suivante, m'offrent le petit déjeuner pour me remonter le moral.

Nous arrivons à Bangalore à dix-sept heures. La « corres » pour Madras, comme on dit à Lyon, est à vingt et une heure trente, alors on se paie une courte visite de la ville, escortés par les mômes du coin, puis un gueuleton à peu près mangeable. J'entends par à peu près mangeable un truc autre que du végétarien car je ne sais pas si vous êtes au parfum mais en Inde ce sont les rois des légumes en tous genres. Vous arrosez le tout d'une quantité égale de piments et vous obtenez de la bouffe typiquement indienne.

La spécialité, c'est le riz au curry, alors le riz au curry ras le bol ! !

Donc on s'expédie un machin de civilisé avant d'affronter la dernière étape Bangalore-Madras.

Nous arrivons à pénétrer dans le wagon, ce qui, en l'occurrence, est presque un exploit tant il y a de citoyens voulant s'offrir un peu de dépaysement.

Cette fois-ci attention : hors de question que je roupille avant le passage du contrôleur. Départ à vingt et une heures trente et arrivée à cinq heures du matin, donc il est exclu que le brave homme susnommé se mette à poinçonner toute la nuit. A chaque arrêt, je descends, prêt à changer de wagon si l'homme à la casquette venait à vouloir se faire la main chez nous.

Bien m'en prends car, vers minuit, le docteur vient pour la consultation et voyant cela je décide de faire une petite visite chez les voisins d'à côté. A l'arrêt suivant je réintègre mon wagon et m'endors, la conscience tranquille.

Vendredi 6 août.

Cinq heures, tout le monde descend. On prend une cup of tea et une douche à l'hôtel situé à l'intérieur de la gare. Ça va mieux, car après quarante-huit heures de dur, je me sentais un tantinet dégueulasse.

A treize heures, on prend un bus pour Pondichéry, aux frais de Christiane et d'Aurélien (je les remercie au passage si, à temps perdu, ils lisent mes salades).

Le pullman local n'a rien d'un pullman, mais absolument rien car si ces messieurs de la maison Pullman savaient que je baptisais ainsi les bus indiens... Donc le pullman local nous dépose à Pondi (c'est ainsi qu'on appelle Pondichéry en Inde) à dix-sept heures. Tous les chauffeurs de pousse nous assaillent, veulent prendre d'office nos bagages pour nous emmener.

L'un d'eux se montrant un peu insistant, je lui dis méchamment : « If you touch my bag, I touch you ! » Ça se marre tout autour et ça se calme aussi un chouia.

Un type parlant français (n'oubliez pas qu'à Pondi, on était chez nous jusqu'en 1954) nous conseille un hôtel pas trop moche et on s'y rend. Mes amis me cèdent une partie de leur chambre.

Samedi 7 août.

Le P.C.V. n'est pas accepté en Inde. Je demande une entrevue au Consul de manière à pouvoir téléphoner au journal sans payer. Il lui débiterait les frais ultérieurement. Mais le Consul, au su du motif de ma visite, est occupé (sentant le truc em... comment pouvait-il en être autrement ?) ; et il charge le réceptionniste-comptable-gardien-balayeur de la maison de me transmettre son refus.

J'explique au cher homme qu'en tant que contribuable, le service diplomatique est un service que moi, je paye, et qu'en conséquence, les fonctionnaires ci-affectés ont quand même un comportement un peu léger à l'égard d'un type se trouvant à quinze mille kilomètres de chez lui, et demandant un service bien modeste à côté des rapatriements de hippies en transe.

Ceci dit je me casse sans insister car il fait un temps formidable et il serait dommage de ne pas en profiter pour se tailler un bronzage club Méditerranée. Je vais donc fainéanter toute la journée sur la plage.

J'ai admirablement bien récupéré, si bien récupéré que le soir au clair de lune, sur la plage de sable fin, je suis en pleine forme pour faire du cinéma muet à Christiane, au rythme des vagues, je ne sais pas si vous voyez...

Dimanche 8 août.

Vous avez peut-être remarqué que je ne cite pas souvent mes repas, ce qui signifie qu'en général ce n'est plus un problème, j'ai presque toujours quelqu'un qui... je fais cette petite mise au point pour les gens qui croiraient que je me nourris avec un bol de riz volé à un étalage et deux doigts de Yoga.

Donc ce matin je me paie un coup de plage avant de prendre le train en direction de Rameswaram (sud-sud-ouest de l'Inde où l'on prend le ferry pour Ceylan). Vous souvenez-vous du capitaine suédois qui, à Karachi, m'a donné dix dollars ? Eh bien, ayant encore de l'artiche je prends le parti d'en changer un peu, au marché noir évidemment, pour me payer le train. Eh oui, les amis, je prends un coup de vieux ! Mon dernier parcours dans ce pays délicieusement décevant, je désire le terminer en beauté. Et pourvu qu'il y ait un contrôleur, que dis-je une douzaine de contrôleurs, pour les affronter à armes égales ! Parfois, j'en ai marre de me cacher ou de me raconter.

Enfin je suis en règle, alors attention messieurs les contrôleurs, pas un mot de travers, sinon je vous crache mon venin. J'ai été contrôlé, et re-contrôlé.

Pas de doute, ça paie d'être honnête.

Chemin (de fer) faisant je rencontre un Français qui, ayant lu mon histoire, me paye une couchette. Et re-contrôle, c'est l'extase, et je m'endors, content...

Lundi 9 août.

Le matin, on se fait draguer par les changeurs de fric qui savent fort bien que les touristes se trouvant dans ce train se rendent à Talaimannar (Ceylan) par le ferry. A l'un d'eux je consens à vendre un réveil-matin cassé, moyennant quarante roupies ceylanaises. Ça me fera un peu d'argent de poche à Colombo.

Nous arrivons au port à neuf heures trente, et les formalités de sortie de l'Inde durent jusqu'à midi.

Grandeurs et beautés de l'administration paperassière de ce cher pays.

Sur le ferry je rencontre un groupe de Français.

Départ du machin à quatorze heures, arrivée à dix-sept heures.

Les Ceylanais sont plus rapides que leurs collègues indiens : au bout d'une demi-heure me voici en terre ceylanaise. Je passe sur les difficultés que m'ont faites les autorités, because le manque de flouze.

Renseignements pris, le train part pour Colombo à vingt heures trente, alors on a le temps de faire une foule de choses, dont se colmater un peu, car j'ai faim ! Les contacts avec la population sont plus détendus qu'en Inde. Ils me plaisent ces Ceylanais, du coup, je paie mon billet de train !

Les troisièmes classes sont confortables en dépit des chiottes qui puent autant que dans un hôtel parisien, et il y a de la place. Donc je passe une bonne nuit.

Mardi 10 août.

J'arrive à Colombo à neuf heures. A la sortie de la gare, je suis annexé par un type à l'œil rigolard, vêtu seulement d'un pagne, c'est-à-dire d'un morceau de toile qui lui couvre le bassin et les cuisses (habillement sommaire très répandu parmi les modestes gens). Comme il est sympa, j'achète ses services : il me transporte en pousse-pousse, jusqu'à l'Ambassade de France. Il court comme un damné, pieds nus, dans les rues populeuses de Colombo. On se fait doubler par d'antiques autobus à impériale protestant bruyamment contre la charge énorme qu'on leur impose.

Autres vestiges de l'époque coloniale : les vieilles voitures anglaises qui font courageusement office de taxis, les bâtisses sévères et froides construites du temps où les british étaient « aux Indes ».

La circulation est extrêmement dense et animée, de nombreux marchands ambulants sont installés sur les trottoirs à la tête d'une armée d'objets les plus hétéroclites. A Colombo comme à Madras, Bombay ou Delhi, il y a de très fortes odeurs de crasse, d'encens, d'épices, de viandes ou de poissons abandonnés à la chaleur tropicale.

Bien que l'ensemble dénote une grande pauvreté, l'atmosphère est moins déprimante qu'en Inde car je crois y déceler une certaine dignité de la population, les gens sont assez propres, affables, et ne constituent pas les groupes pénibles de curieux et de quémandeurs de bakchich lorsqu'ils voient des touristes.

Morphologiquement, le Ceylanais ressemble à l'Indien : maigre (c'est normal puisque ces pauvres gens ont moins de mille calories par jour), plutôt petits, les yeux et le poil noirs, la peau foncée.

La végétation est abondante car nous sommes en pleine mousson humide. Ceylan a la forme d'une poire orientée Nord-Sud ; l'été la côte occidentale sur laquelle se trouve Colombo, est sous l'effet de la mousson humide ; dans le même temps règne

un climat chaud et sec sur la côte orientale. Le phé-
nomène est inversé l'hiver.

A l'instant où je note ces faits météorologiques
nous arrivons à l'Ambassade. Mon Zatopek ceylanais
pousse la courtoisie jusqu'à vouloir porter mon sac ;
mal lui en prend car il se casse la figure et en même
temps casse ma bouteille Thermos : la tuile car sous
ces latitudes on ne peut pas se permettre de man-
quer d'eau purifiée : je vous ai déjà parlé des risques que présentait l'eau au Pakistan, en Inde ou à
Ceylan. Enfin, on verra...

Je contacte l'Attaché Culturel et l'Attachée de
Presse, personnes recommandées par Jean Vincent.
Le premier me loge pour vingt-quatre heures et la
deuxième me donne rendez-vous avec un journal qui
veut me faire un papier grand comme ça. Tout
s'annonce bien.

Mercredi 11 août et jeudi 12 août.

J'organise mon séjour à Colombo : l'Alliance
Française m'invite à profiter de la chambre des visiteurs ; la compagnie U.T.A. et les Messageries Maritimes, mises au courant de mes péripéties, offrent
de m'aider à trouver un job sur un bateau allant vers
l'Australie ou l'Extrême-Orient... et un dîner à la
française arrosé d'un Bordeaux « made in France ».
Nous devons écourter cette agréable soirée car le
couvre-feu est établi à vingt-trois heures : la révolution avortée d'avril dernier en est la raison.

avec cinq francs

Vendredi 13 août.

N'en déplaise aux superstitieux, le bilan de la journée est positivement positif.

1°) Le capitaine d'un bateau danois, le *Balderbuur* accepte de me prendre comme cuisinier à condition que sa compagnie ne lui envoie pas un « super Cargo » (accompagnateur) et à condition que j'obtienne un visa pour l'Australie. Réponse lundi.

2°) Monsieur Grevent, directeur de l'U.T.A., téléphone à son homologue de Swissair, pour lui expliquer mon histoire et demande s'il n'y aurait pas moyen de me mettre à bord d'un charter partant à Bangkok dans deux semaines, au cas où mon affaire de bateau tomberait à l'eau (marrant, hein !).

3°) Puis il téléphone au Vice-Consul d'Australie...

4°) Je me rends à la Haute Commission d'Australie (dans les pays du Commonwealth les pays membres de l'Association n'ont pas d'Ambassade mais une Haute Commission) et le Vice-Consul, un homme jeune au visage ouvert, me donne gratuitement un visa puis m'offre une bouteille de scotch en prime.

5°) On m'invite dans un restaurant absolument chinois (par opposition à la constellation d'établissements s'essayant au chinois).

Avec tout ce qui vient de m'arriver qu'on ne vienne pas épiloguer sur le vendredi 13 !

Samedi 14 août.

Un avocat qui étudie le français à l'Alliance propose de me servir de cicérone et après une visite de la ville fort intéressante, m'emmène chez un personnage important. L'opulence de sa maison contraste violemment avec la pauvreté ambiante.

Je fais à nouveau mon numéro. C'est un exigeant, ies questions pleuvent et il me stimule avec un ballet de toasts et de boissons qui défilent sans cesse devant moi.

Le soir, las de ce rôle de public-relation, je lis calmement un polard découvert dans ce haut lieu de culture qu'est l'Alliance Française.

Dimanche 15 août.

A onze heures, l'avocat cité plus haut, vient me chercher, pour aller faire une virée sur le bord de mer. Dans le bus je repère une bonne sœur, mes frères, vachement bath. Des yeux de biche et une bouche à... tchoum. Pas de sacrilèges, et je ne peux d'ailleurs pas en commettre, car elle descend bien avant nous. Je détourne ma pensée et mes yeux ailleurs : il y a quelques beaux spécimens à Ceylan plus qu'en Inde dans tous les cas.

Certains vont croire que je leur en veux à ces malheureux Indiens de m'avoir piqué ma belle montre, depuis le temps que je leur casse du sucre.

La seule chose qu'Indiens et Ceylanais aient en commun, c'est le signe de tête : lorsqu'ils veulent dire oui, ils secouent la tête dans le mauvais sens :

NDE : « ...On voit des tas de choses très pittoresques : des
léphants en balade sur la route... »

NDE : « ...D'innombrables handicapés physiques...
.Un vieux bougre marche sur les genoux... »

CEYLAN : « ...Nous no
arrêtons quelques instar
à Anuradhapura, l'ancien
capitale de Ceylan, po
voir des ruines est c
temples réputés... »
Temple bouddhiste

HONG-KONG :
« ...L'approche de
Hong-Kong est formida
la visibilité excellente..
...Il est neuf heures,
soleil est encore bas,
qui donne un très b
relief de la ville... »

-KONG :
rue de Hong-Kong.

-KONG :
s banques de la Chine
mmuniste... dont les
es sont entièrement
vertes de drapeaux et
d'idéogrammes... »

« ...vous voyez, cinq francs pcur faire le tour du monde, ça suffit largement !... »

ALASKA :
Difficile adaptation après les + 40° ou + 50° de l'Asie.

on dirait qu'ils disent non. Notez bien que c'est un COU à prendre. Après on fait comme eux. De retour en France, ça ferait un choc auprès du Français moyen si on persistait.

Ces divagations nous emmènent jusqu'à la plage où nous avons l'honneur d'assister à une fête. Beaucoup de jeunesse et l'élément féminin se détranche vilain sur mon passage. Mon guide-avocat explique que :

1°) les Européens sont une denrée recherchée,

2°) je suis blond, alors voilà pourquoi...

Je me fais un peu rôtir au soleil, nous allons déjeuner chez son frère, domicilié à deux pas de la plage : agréable repas.

Ensuite nous allons voir un film anglais très marrant. Puis visite de l'aéroport où le frère travaille et là je retrouve mes premières amours sous la forme d'un DC 3 (appareil que j'ai piloté quelques mois auparavant aux Antilles).

Lundi 16 août.

On frappe à la porte de ma chambre, on me demande au téléphone : le directeur de la compagnie Kuoni m'offre un passage sur un vol à destination de Bangkok, prévu le lendemain. Il est prêt à m'aider à condition d'avoir l'accord de la Direction de l'Aviation Civile, car la compagnie n'a pas le droit de trafic entre Colombo et Bangkok. Réponse demain à l'aéroport.

Mardi 17 août.

A l'aéroport, on n'a pas encore de réponse car le Directeur de l'Aviation Civile s'étant déclaré incompétent, il faut demander au Ministre ! ! La réponse nous parvient à quatorze heures trente. C'est accepté ! Formidable, non !

Avec un peu de chance je serai au Vietnam vers le vingt-cinq. Je passe les formalités et me dirige vers la salle d'embarquement et là, catastrophe : le sous-directeur de la compagnie se trouve parmi les passagers. Monsieur Amrhein, le directeur local, me présente à lui et le sous-directeur refuse de me prendre sous prétexte qu'il ne veut pas avoir d'ennuis avec les autorités Thaïlandaises, du fait que la Compagnie n'a pas le droit de trafic entre Colombo et Bangkok.

J'essaie de le convaincre en lui disant avoir l'autorisation de l'Aviation Civile ceylanaise, qu'en Thaïlande il n'y aura pas d'ennuis grâce à cette autorisation et que de toute façon j'ai un billet gratuit, donc les questions de droit de trafic ne se posent pas. Il n'y a rien à faire : le cher homme ne veut pas m'embarquer.

Alors dans cette affaire, j'ai dérangé trois directeurs de compagnies aériennes, j'ai dérangé le Directeur de l'Aviation Civile, le Ministre des Transports, et il a fallu que ce sous-directeur fût par hasard dans l'avion pour que tout tombe à l'eau. Quel manque de chance tout de même !

Je vais donc me rabattre sur le bateau qui part en Australie.

En fin d'après-midi, je vais au port et nouvelle catastrophe : le bateau ne va plus en Australie mais au Golfe Persique.

Voilà comment se présente la situation ce mardi 17 août. Ce n'est pas brillant.

Du mercredi 18 août au 31 août.

Je viens de passer deux semaines sans vous écrire une ligne tant la situation était préoccupante :

1°) J'ai fait TOUS les bateaux du port : je n'ai rien trouvé.

2°) Je manquais souvent de nourriture. Une fois, je n'ai rien mangé pendant trois jours consécutifs. D'ailleurs voyez un peu ma courbe de poids : départ de Paris, 60 kilos ; Delhi, 62 kilos ; Colombo, 56 kilos.

3°) L'accueil des Français de Ceylan a été plutôt indifférent mis à part les gens d'U.T.A., de Swissair, des Messageries Maritimes.

Mon dernier recours va être d'essayer d'embarquer clandestinement sur un bateau et, en cas d'échec, rentrer lamentablement en Inde pour faire une nouvelle tentative à Madras.

A noter le geste sympathique d'un touriste français, Martin Laurent, qui m'a spontanément aidé : ce mardi 31 août, j'ai trente dollars en poche.

Mercredi 1ᵉʳ septembre.

André, qui fait son service militaire comme professeur de Génie Civil à l'Université de Colombo, me propose de passer deux jours à Kandy (ville située à cent cinquante kilomètres à l'est de Colombo) où a lieu un festival renommé.

On peut assister là-bas à deux spectacles particulièrement fascinants :

1°) Des enfants, des femmes, des hommes et des vieillards marchent pieds nus sur un tapis de braises : certains s'arrêtent, se baissent, ramassent les braises à pleines mains, puis s'en aspergent le corps !

2°) Des hommes accrochent la peau du dos à l'aide de gros crochets de boucher fixés à une espèce de balançoire, puis se balancent, la peau distendue, leur visage ne montre pas la souffrance !

Ces remarquables démonstrations de stoïcisme ont des motivations religieuses. Au cours du festival annuel de Kandy, chacun se surpasse grâce à une préparation psychique et également physique très élaborée.

Sur la route on croise la voiture des espagnols qui m'avaient pris en stop de Delhi à Goa !

Cinq kilomètres de poursuite, et on les rattrape. Je suis très content de cette rencontre inattendue, d'autant qu'ils proposent de me reprendre en stop jusqu'à Calcutta (soit deux mille sept cents kilomètres), d'où je pourrai prendre l'avion pour Bangkok. Avec une fausse carte d'étudiant (un truc très courant en Inde et pas cher : un dollar) je ne paierai ma place que soixante-six dollars. Ils me fourniront les trente-six dollars manquants en m'achetant quelques pellicules.

Eh oui, les amis, c'est mon premier échec sérieux : je brade ! Profondément désolé de vous décevoir, mais c'est la seule solution pour aller en Thaïlande puisque la frontière Birmane est fermée.

Je pourrais travailler ou essayer de « trafiquer » mais ayant pris du retard sur mon programme, je préfère alors vendre jusqu'à concurrence de trente-six dollars pour me payer mon passage Calcutta-Bangkok. Le geste de ces gens est formidable : ils achètent mes pellicules à bon prix et décident de prendre en charge les frais de nourriture et de logement durant le trajet Colombo-Calcutta.

Je change donc de monture et nous arrivons à Colombo sur le coup de midi. Repas chinois : il y a beaucoup de restaurants chinois à Colombo. Puis je prépare mes bagages et fais mes adieux aux personnes qui m'ont sauvé de l'inanition.

Nous quittons Colombo en fin d'après-midi et arrivons à Chilaw vers vingt heures. Eux dorment à l'hôtel, moi dans la voiture.

Jeudi 2 septembre.

Départ à neuf heures.

La route est bonne et peu fréquentée. Nous nous arrêtons quelques heures à Anuradhapura, l'ancienne capitale de Ceylan, pour voir des ruines et des temples réputés. Le soir, nous arrivons à Talaimannar. Il faudra prendre là le ferry pour Rameswaram. Nous déclinons l'offre de la police qui, devant nos difficultés à trouver une chambre, proposait de nous loger.

Finalement, une Rest-house (hôtel gouvernemental pour touristes) a une chambre libre. C'est très sale mais assez spacieux pour que nous puissions tous y dormir. Nous passons une assez mauvaise nuit à cause des moustiques : à Ceylan ces petits vicelards vous refilent vite fait le paludisme ou la malaria. Alors prenez garde, vous les futurs touristes : ne pas oublier les médicaments adéquats.

Vendredi 3 septembre.

On arrive au port à sept heures trente. Les formalités sont assez rapides puisque nous sommes à bord deux heures plus tard.

L'horaire de départ est fixé à dix heures, mais le nombre important de passagers provoque un certain retard : on appareille à treize heures trente.

Nous faisons la connaissance de deux Françaises fort sympathiques : Anne et Béatrice. Mes amis vont les prendre en stop jusqu'à Madras. On arrive en Inde à seize heures trente. Comme le port n'a pas suffisamment de fond, on jette l'ancre à un kilomètre de la côte et les quelques six cents passagers sont acheminés par quatre barques ridiculement petites.

L'équipement et l'organisation catastrophiques de ce glorieux pays font qu'il sera impossible de débarquer la voiture ce soir. On passe les formalités de police et de douane qui ne durent pas moins de trois heures, puis on se met en quête d'un hôtel.

Samedi 4 septembre.

La veille, on avait assuré aux propriétaires des trois voitures chargées sur le bateau que dès six heures le matin, on serait en mesure de débarquer. J'accompagne Chicho jusqu'au port et là on nous déclare sans aucun complexe que, la marée n'étant pas assez haute (ils n'auraient pas pu le dire la veille ces ramollis du cerveau !), l'opération n'aura pas lieu avant neuf heures. A neuf heures ils font le transbordement dans des conditions très folkloriques : une vedette (indienne de surcroît, c'est vous dire) tracte deux barques solidement attachées au moyen de cordes sur lesquelles on va déposer la voiture. Et l'on essaye d'atteindre la côte aux risques et périls du propriétaire du véhicule, car il est bien évident qu'aucune Compagnie d'assurance ne commettrait la folle imprudence d'assurer semblable aventure. Nous récupérons la voiture à dix heures et la diligence des services de douane (le chef qui devait « signer » faisait la grasse matinée, le pauvre chéri) font que nous sommes définitivement en Inde à midi.

Nouvel obstacle, il y a un pont de deux kilomètres à franchir mais ça n'est possible que par chemin de fer ; le hic, c'est que le train part à vingt heures trente. On flâne donc dans l'attente du départ.

Si on fait le bilan de cette traversée maritime, on aura mis trente-six heures pour franchir un bras de mer d'une cinquantaine de kilomètres !

Nous arrivons à Mandapam à vingt-deux heures. Manque de bol, personne n'a le reçu puisque l'opération a été confiée à un coolie (porteur) qui a gardé les papiers.

On a harcelé le chef de gare jusqu'à minuit avant que celui-ci comprenne qu'on n'a quand même pas pu charger la voiture à l'insu du chef de gare de la station de départ.

Décidément, ce deuxième contact avec l'Inde n'est pas plus concluant que le premier.

Dimanche 5 septembre.

Nous arrivons à une tourist lodge (même chose que la Rest-house) à deux heures du matin. Je dors dans la chambre d'Anne et Béatrice.

Nous nous réveillons, constellés de piqûres de puces tant l'endroit est sale.

Après un solide breakfast, nous mettons le cap sur Madurai. La circulation intense et désordonnée de cette ville fait que nous abandonnons notre projet de visite des temples, pourtant très réputés. Nous poursuivons notre route vers Pondichéry.

Tout le monde est d'excellente humeur car Antoine nous fait fumer de la Gangia (chanvre indien). Cette herbe a des effets hilarants formidables. On rit beaucoup. Je ris encore en vous écrivant ces lignes.

Il ne faut pas que les lecteurs se scandalisent du fait que j'ai parfois fumé. TOUS les Français que j'ai rencontrés, quels que soient leur âge et leur origine, ont tenté l'expérience. En quelque sorte « ça fait partie du voyage ».

Le temps semble passer très vite et nous arrivons à Pondichéry à une heure du matin.

Anne, Béatrice et moi dormons dans la voiture. Antoine et sa famille prennent la seule chambre disponible.

Nous passons une journée délicieuse, faite de baignades, de bons repas et de chansons.

Pondichéry était un de nos comptoirs des Indes. Il a été rattaché à l'Inde en 1954, mais il conserve encore une personnalité française : beaucoup de gens parlent le français, les rues portent des noms français. L'Alliance Française, très dynamique, propage hardiment notre langue par des projections de films, des réunions, une bibliothèque importante.

Mardi 7 septembre.

Nous partons pour Madras où nous arrivons pour le déjeuner. L'après-midi, révision de la voiture chez l'agent de Volkswagen. Ensuite, nous nous séparons de ces sympathiques françaises, un peu brutalement d'ailleurs, car mes amis espagnols en ont plus que marre de l'Inde, et ne veulent pas rester une minute de plus à Madras. Ils projettent de faire les mille sept cents kilomètres qui nous séparent de Calcutta en deux jours, se reposer un peu, puis partir pour le Népal.

A peine sortis de Madras, incident technique : Chicho a laissé le frein à main et l'une des roues est brûlante.

Nous attendons que la température redevienne normale, soit près d'une heure, puis nous couchons les gosses.

Anne se repose et je passe devant afin que Chicho ne s'endorme pas. Nous fumons cigarette sur cigarette jusqu'à deux heures du matin. Nous sommes à Nellore, c'est-à-dire à deux cents kilomètres au nord de Madras, ce n'est pas énorme, mais vu l'état des routes...

Mercredi 8 septembre.

On repart à cinq heures. Nous irons sans interruption jusqu'à Vishakhapatnam. Quelques arrêts quand même pour des besoins bien naturels et pour acheter du ravitaillement.

Jeudi 9 septembre.

Nous poursuivons notre marathon. La moyenne baisse considérablement en raison du manque d'indications et à cause de la traversée des villes et des villages : imaginez Paris à huit heures le soir, mais avec la différence qu'au lieu de voitures, nous avons affaire à des vélos, des chars, des vaches et des pousses.

On déjeune dans un restaurant chinois à Bhubaneswar. Puis nous reprenons la route vers Calcutta, capitale mondiale du choléra et de la misère. Depuis le départ de Ceylan il fait extrêmement chaud et tout le monde ressent une grande fatigue. Parfois, nous sommes contraints d'avancer au pas car les paysans du coin disposent leur récolte de blé et autres plantes à graines sur la route, de manière à ce que les véhicules fassent le travail, exécuté en France par une machine.

114

Sur les berges des rivières, les Indiens à poil sont en train de faire leurs ablutions. Ils (ou elles) se retournent parfois pour nous regarder passer...

Vendredi 10 septembre.

A minuit, petit incident qui aurait peut-être pu me coûter la vie : nous arrêtons la voiture. Je sors puis m'accroupis pour faire ce que vous pouvez bien imaginer. Grâce au clair de lune, j'identifie, à moins de deux mètres de là, un serpent qui se déplace vers moi lentement. Je me reculotte et nous partons très vite ; même pas eu le temps d'avoir peur et pourtant...

A une heure du matin, nous voici à cent kilomètres de Calcutta et ces cent derniers kilomètres vont être un véritable cauchemar.

D'abord, l'atmosphère est vraiment déprimante, la région totalement inondée et souvent les maisons baignent dans vingt ou trente centimètres d'eau. Il y a beaucoup de personnes le long de la route et toutes vous fixent avec un regard inquiétant où on lit une curiosité hostile. Parfois, ils se montrent narquois et dans quelques instants on saura pourquoi : de nombreux camions, apportant sans doute du ravitaillement, sont arrêtés sur le bord de la route, et un peu plus loin nous sommes arrêtés par un barrage de manifestants brandissant des pancartes.

La chose semblant mal tourner, nous démarrons lentement de façon à ne pas les exciter, ce qui n'empêche ni les insultes ni les coups sur la voiture. On a eu très peur car de nombreuses personnes ont été assassinées dans la région de Calcutta, pour des motifs futiles : parce qu'elles appartenaient à une organisation politique ou syndicale adverse, ou bien parce qu'il s'agissait de blancs.

Un peu plus loin, barrage de police. Nous leur expliquons le truc, ils prennent un air très embarrassé, mais ne veulent rien nous dire sur la cause de cette manifestation. Apparemment, ils ont reçu l'ordre de ne pas agir et de contrôler simplement les rares véhicules ayant pu passer. Je demande si on peut continuer jusqu'à Calcutta en toute sécurité : réponse affirmative. Mais un peu plus loin, à trente kilomètres de la ville, nouveau barrage de manifestants. Cette fois-ci, ils mettent des tonneaux pour nous empêcher de passer. L'atmosphère se tend nettement. Quelqu'un nous parle en Bengali, on lui répond gentiment que leurs histoires ne nous concernent pas. Ils dégagent la chaussée, mais l'un d'eux, plus excité que les autres, remet les tonneaux pour nous empêcher de partir.

Finalement, l'un des chefs des énergumènes désigne à la bande les enfants et Anne qui dorment à l'arrière et décide de nous laisser passer. Ouf !...

Aucun autre incident jusqu'à Calcutta sinon la route souvent inondée et la présence de nombreux trous géants dans la chaussée ou ce qui en tient lieu.

D'après Chicho, ces trous auraient été provoqués par le passage de chars de l'armée.

La nuit, la banlieue de Calcutta est dantesque : une véritable descente aux enfers. Il est quatre heures du matin, des milliers de gens dorment dans les rues.

Dans la matinée, on en ramassera sans doute quelques-uns morts de faim, morts du choléra. Ici règnent une pauvreté et une désolation jamais vues. Souvent, les rues s'avèrent parfaitement impraticables et Chicho se livre à un gymkhana sur toute la largeur de la chaussée. On arrive dans le centre à cinq heures. Quelques heures de sommeil dans la voiture, puis on part à la recherche d'un hôtel. On descend au « Fair Lawn Hotel », un établissement sans luxe, mais ravissant et très accueillant.

Une compagnie aérienne accepte de me prendre sur Bangkok pour soixante-six dollars, grâce à la carte d'étudiant. Je me procure donc les trente-six dollars manquants en vendant comme convenu quelques pellicules de photos à Chicho. Cela m'ennuie énormément de perdre une partie de mon matériel, mais c'est la seule solution pour aller en Thaïlande : je vous rappelle que pour le moment, il est impossible de traverser la Birmanie par voie de surface.

Départ prévu à treize heures vingt-cinq. L'après-midi on fait un peu de lèche-vitrines en traînant derrière nous quelques mendiants. Certains sont franchement écœurants : l'un fait la manche avec une main de six doigts, un autre est lépreux, il a le visage ravagé, des mains presque sans doigt vertes de pourriture.

Le soir, on prend le repas à l'hôtel : la cuisine se révèle heureusement pas trop épicée, chose surprenante en Inde.

Samedi 11 septembre.

Mes amis me conduisent à l'agence de voyage où je dois prendre le bus pour l'aéroport.

Nous avons fait quatre mille sept cents kilomètres ensemble sans que cela me coûte la moitié d'un centime. A mon avis cela restera le record du voyage !

J'arrive à l'aéroport à douze heures trente. A l'enregistrement, on me demande quinze roupies de taxes d'aéroport, pas prévues au programme.

J'essaie de faire du marché noir, opération aussi difficile qu'imprudente dans un aéroport. Je repère un Européen d'aspect sympathique et lui propose l'opération en lui expliquant le coup de la taxe de l'aéroport. Il me tend spontanément des roupies et refuse mes dollars (il m'en reste un peu) d'un geste très paternel.

Je monte à bord du DC 9 avec une joie et un soulagement, les amis ! Enfin en route pour Bangkok ! La compagnie avec laquelle je voyage n'est pas affiliée à l'I.A.T.A., les règlements sont un peu différents et en particulier les boissons alcoolisées sont gratuites : donc je demande et redemande du porto en apéritif, du bordeaux pour le repas, et quelques scotches pour conclure.

Vous voyez, cinq francs pour faire le tour du monde, ça suffit largement !

L'arrivée à Bangkok représente pour moi une véritable libération : non seulement parce que mes chances de poursuivre ce voyage sont, ici, meilleures qu'en Inde et à Ceylan, mais de plus, après deux mois passés dans des pays pauvres, déprimants, confinés dans une vie moyenâgeuse, j'arrive avec soulagement dans un pays propre, moderne, riche. Et puis la Thaïlande, c'est vraiment l'Asie.

Donc je passe les formalités et me rends à la Compagnie Air-France. Je suis reçu par l'adjoint au chef d'escale, qui m'invite à dîner. On téléphone à mon ancien collègue, Guy Garnier, évidemment très surpris de me savoir à Bangkok dans de telles conditions. Nous décidons de nous voir le lendemain. Je passe la nuit dans l'aéroport.

Dimanche 12 septembre.

Retrouvailles avec Guy et nous avons une conversation à bâtons rompus sur ce voyage. Nous passons l'après-midi à la piscine de l'immeuble dans lequel il habite, très belle résidence comme il y en a beaucoup à Bangkok.

Après le dîner il m'accompagne en ville. J'avais l'intention de dormir dans un parc : finalement j'y renonce et téléphone à une personne qui m'a été recommandée par une amie rencontrée à Karachi. Il vient aussitôt me chercher. Son prénom est Vira. Il a vingt-huit ans, il est très sympa. En arrivant chez lui, il me présente à sa mère et j'ai l'impression curieuse de me trouver chez moi : cette femme est polonaise et pour elle la France est une deuxième patrie. Son regard est très bon et doux et je pense à ma mère.

Ils habitent tous les deux une maison très confortable. L'odeur de la maison, l'agencement et le choix des meubles reflètent une vie sereine.

Ils sont disposés à m'aider tant que je serai à Bangkok.

On me sert d'office un repas à la française car la nourriture Thaï est beaucoup trop épicée pour un occidental, paraît-il.

Au terme de cette soirée, j'ai découvert un peu la psychologie du Thaï : il est réservé, parle peu, avec mesure et doucement. Il semble impressionné par la puissance économique du blanc, par son apparente assurance, mais non par sa culture. Impressionné ? Mais ne s'agirait-il pas plutôt d'une certaine méfiance ?

Lundi 13 septembre.

Le matin, je passe à l'A.F.P. pour leur signaler mon passage, puis vais à Air-France pour qu'ils prennent contact avec la presse. Je serai interviewé mercredi après-midi. Je tiens à signaler que les articles publiés dans les journaux ne me rapportent pas un sou, je fais ça uniquement pour montrer aux locaux que les Français sont encore des gens débrouillards...

Mes hôtes habitant assez loin, je ne rentre pas pour le déjeuner et mon repas se résume à un coca-cola. L'après-midi, un peu de tourisme.

Bangkok a été surnommée « La Venise de l'Orient » à cause des nombreux canaux qui parcouraient la ville.

L'arrivée au Siam des Américains, donc de capitaux très importants, a permis la réalisation de travaux gigantesques ; les canaux ont été bouchés et remplacés par de larges avenues, un Bangkok ultra-moderne est né au milieu des cases en bois et les immenses buildings étouffent de plus en plus le quartier populaire où le pittoresque est malheureusement synonyme de misère : des centaines de familles pauvres vivent de la vente du poisson, de légumes ou de fruits qui s'effectue au marché flottant, à bord de barques vétustes. Ce marché flottant est l'une des attractions les plus prisées par les milliers de touristes qui viennent de tous les pays d'Europe, des U.S.A. et du Canada.

Des dizaines de charters amènent chaque semaine des gens friands d'exotisme qui vont peupler les luxueux hôtels de Silom Road, où ils seront reçus par des employés galonnés comme des généraux.

L'homme de la rue s'habille souvent à l'occidentale, mais les pauvres gens se contentent des vêtements traditionnels : ils portent un long pagne qui arrive au niveau des chevilles et lorsqu'ils sont chaussés ce sont des tongues en matière plastique comme on en voit sur nos plages.

On découvre une ville d'affaires, on découvre aussi une ville hautement sophistiquée : la mystérieuse et séduisante Venise de l'Orient est devenue le lieu de villégiature préféré des Américains (cause guerre du Vietnam) qui ont bâti des maisons splendides et importé leur Ford Mustang, Cadillac et autres Chrysler.

Les larges avenues sont saturées par une circulation intense et pétaradante.

Des centaines de cars desservent Bangkok ; malheureusement ils sont difficiles à utiliser car il est presque impossible de tirer un renseignement valable du Thaï moyen quant à l'itinéraire effectué par un autobus. De plus, le Thaï sait rarement s'orienter sur une carte.

On peut utiliser les taxis qui ont l'avantage de leur grand nombre, et dont l'inconvénient est l'absence de compteurs, donc le truandage systématique du touriste. L'étranger est séduit par la beauté et la multiplicité des temples bouddhistes tellement différents des temples indiens ou ceylanais : l'architecture est typiquement asiatique, les décorations foisonnantes et très hautes en couleurs émerveillent l'œil.

Les prêtres bouddhistes, vêtus d'une tunique orange, le crâne rasé, se mêlent volontiers aux groupes de touristes.

Le mystère parfumé de la vie Thaï séduit : tout est douceur et subtilité. Surtout aux bains turcs mondialement connus : les filles Thaï (« les plus belles filles du monde ») cèdent aisément au charme du mâle d'Occident. Mais achtung ! La période postcoïtale peut vous faire découvrir un truc du genre blennoragie. C'est malheureusement assez fréquent.

Mardi 14 septembre.

Je vais à l'Ambassade du Sud-Vietnam pour demander un visa. Mais ils veulent un papier garantissant ma bonne conduite au Sud-Vietnam, signé par le Consul de France. Je lui téléphone et obtiens un rendez-vous pour le lendemain matin.

Prévoyant un refus (pourquoi signerait-il un tel papier, il ne me connaît pas après tout !) je me renseigne sur les possibilités de vol bon marché sur Hong-Kong.

Par ouï-dire, je sais qu'une compagnie I.A.T.A. pratique couramment les « dessous de table ». Je ne la nomme pas car cela m'attirerait un truc du style plainte en diffamation.

Donc, il faut que je me mette en rapport avec une chaîne de télé pour qu'ils m'interviewent et me versent un cachet payant ce vol. Affaire à suivre.

L'après-midi, je vois, ô miracle, un restaurant qui s'appelle « Chez Suzanne ». J'entre, peut-être par nostalgie de la bonne cuisine française, mais aussi dans l'espoir d'y rencontrer quelque bonne âme. On m'y fait un accueil sympathique... et me voilà invité à faire le plein après-demain, vendredi à douze heures.

Mercredi 15 septembre.

Je vais au rendez-vous avec le Consul ; le deuxième secrétaire se trouve également dans le bureau. Après une demi-heure de négociations, c'est l'échec : il refuse de me faire la lettre. Tous les deux trouvent mon voyage sympathique, mais le considèrent un peu comme une escroquerie car, disent-ils, dès l'instant que je voyage avec cinq francs, je compte automatiquement sur les autres.

Il y a des gens qui contestent !

Cela dit, le deuxième secrétaire m'invite à déjeuner... acceptant ainsi d'être victime de l'escroquerie susnommée. L'après-midi je me rends à l'interview des journalistes. Je les ai immédiatement écœurés lorsque je leur ai dit faire le tour du monde avec « cinq francs », un méchant cigare américain entre les dents.

Ils me posent des questions banales et gentilles et le sujet semble moins les intéresser que les Indiens ou les Ceylanais. Je verrai le résultat demain.

La réceptionniste d'Air-France téléphone à son frère, le Colonel Kaloon, directeur des programmes à la chaîne n° 7. Elle lui raconte mon histoire et son frère est tout de suite d'accord pour me payer sept cents baths (le bath ou tical, est la monnaie du pays) pour l'achat d'un billet pour Hong-Kong. Je passerai en direct dimanche après-midi.

Jeudi 16 septembre.

Journée strictement sans intérêt : lu un roman policier dans la piscine d'un hôtel de luxe où je suis entré en annonçant au préposé un numéro de chambre bidon.

Un petit incident à signaler :

Sur le chemin du retour, une pluie absolument terrifiante s'est abattue sur Bangkok (n'oubliez pas que la Thaïlande fait partie de l'Asie des moussons, donc le climat y est chaud, très humide) ; comme la ville est située au niveau de la mer, et qu'aucun système d'évacuation de l'eau n'est installé, les rues ont été rapidement recouvertes d'une vingtaine de centimètres d'eau ; la circulation a été bloquée par les véhicules tombés en panne et j'avoue que la vue de la ville paralysée par ce déluge cataclysmique m'a beaucoup impressionné.

Vendredi 17 septembre.

Mon vol pour Hong-Kong décolle mercredi, mais je suis placé en liste d'attente car c'est complet. Je me rends au restaurant français « Chez Suzanne », puisque sa propriétaire, une femme charmante qui se prénomme Evelyne, m'a cordialement invité. Je rencontre une Grenobloise, Madame Uphai (donc une voisine puisque j'habite Grenoble) qui a quitté la France il y a trente ans. Elle est très heureuse de me rencontrer et me prie de passer le week-end chez elle au bord de la mer. Ça marche très fort à Bangkok !

Samedi 18 septembre.

Je viens de passer une bonne partie de la nuit à écrire, et le réveil a été plutôt difficile. J'arrive chez Madame Uphai avec une demi-heure de retard et l'on part pour Pattaya, le Saint-Trop' thaïlandais.

Route très bonne, on avale cent cinquante kilomètres en deux petites heures, en DS 21 s'il vous plaît !

Toute la journée je vais être merveilleusement gâté, gavé, dorloté, chouchouté, et je fais la connaissance de deux hôtesses de la B.E.A. qui, le soir, m'emmènent dans une boîte.

Dimanche 19 septembre.

Mes hôtes, connaissant évidemment mes difficultés financières, m'offrent le bus pour rentrer à temps pour l'émission de télé. J'arrive à Bangkok à onze heures, avec un battement de trois heures avant l'enregistrement, dont je profite pour rendre visite à des Suisses, rencontrés dans l'avion de Calcutta à Bangkok. Le personnel de leur hôtel ayant appris mon histoire par les journaux, me fait un accueil enthousiaste, d'autant plus que j'arrive avec mon sac à dos. Ça les change des Américains costumés, cravatés, bourrés de dollars ! On m'envoie les Suisses. Nous prenons un bain à la piscine de l'établissement, puis ils m'invitent à déjeuner.

J'arrive enfin à la télé : le show doit se passer en direct et l'émission démarre à quinze heures. Je passe vers seize heures et mon numéro dure quarante minutes au terme desquelles on me remet un bon paquet d'argent. Un producteur de films propose de m'inviter à dîner. Impossible, car je suis attendu par Evelyne, la patronne du restaurant français « Chez Suzanne ».

Ma sortie du studio est acclamée. On me distribue du « bon voyage » à tout va.

Le dîner est très sympa, le chancelier de l'Ambassade de Belgique propose de me reconduire. Ne voulant pas le déranger, je lui réponds que je prendrai le bus : une fois arrivé à l'arrêt, j'apprends que le service se trouve déjà interrompu. L'un des nombreux taxis draguant le touriste, s'arrête : je lui fais comprendre que je n'ai pas les moyens et, ô miracle, il me dit que ça n'a aucune importance. Il

126

me prend à l'œil ! J'en reste baba, surtout qu'à Bangkok ils ne font généralement pas de cadeaux aux pèlerins de passage. J'arrive « at home » vers minuit.

Lundi 20 septembre.

Estimant avoir bien travaillé au cours de la semaine précédente, je m'accorde une grasse matinée bien méritée. Je fais un peu de tourisme puis vais acheter mon billet et prendre un bain dans la piscine d'un des nombreux hôtels de luxe de la ville, où l'on entre comme dans un moulin (comme dans tous les grands hôtels du monde d'ailleurs !). Accosté par des tas de gens m'ayant reconnu, je signe mes premiers autographes, quelle rigolade !

Un de mes admirateurs, propriétaire d'un restaurant, me donne sa carte et m'invite à déjeuner chez lui autant de fois que je le désire. Le soir même je vais dîner chez le directeur du Président Hôtel (établissement très peu « congés payés »), repas formidable qui va chercher dans les deux cents baths par personne. Je vous donne un terme de comparaison : un contrôleur de bus gagne trois cents baths par mois, le chauffeur se fait six cents baths. Alors vous avez ma parole qu'il n'y avait pas du poulet pommes frites au menu !

Ensuite on se rend à un repas de noces avec mon hôte Viramontri. Repas qui réunit environ trois cents personnes. Comme il s'agit d'un mariage entre Chinois, de surcroît très aisés, les invités ont droit à quelque dix ou quinze plats différents que chacun, à l'aide de baguettes, nettoie avec une rapidité déconcertante.

Repu, cet aimable monde se met à danser le jerk et autres occidentaleries, ce qui montre une fois de plus à quel point la présence américaine a contribué à changer le mode de vie Thaï.

Nous ne restons pas longtemps car ma tournée n'est pas terminée : il faut que j'aille chez le restaurateur rencontré cet après-midi. Je n'ai plus faim, alors on me sert quelques scotches. Au cours de la conversation, il me demande ce que je pense des Thaïlandaises ; je lui réponds qu'elles sont jolies (c'est vrai) mais sans argent il est difficile de leur raconter avec gestes à l'appui, l'histoire du petit ramoneur.

Il me dit vouloir arranger ça et finalement il arrange. Ma tâche accomplie, je rejoins mes pénates.

Mardi 21 septembre.

Pour le déjeuner et le dîner j'affiche complet, car à midi c'est avec le Français rencontré dimanche, Philippe Quien (jeune P.D.G. d'une société de négociants en vin) et le soir avec Guy Garnier (mon ancien camarade de travail).

Une petite parenthèse : faisant le bilan des quelques cent pages écrites, je trouve qu'il y a des passages moins bons. Cela est dû au fait que je ne peux pas écrire tous les jours. En conséquence, certaines choses m'échappent et d'autre part, le style c'est comme le sport : si on ne pratique pas régulièrement, le résultat demeure discutable.

Au cours du déjeuner Philippe Quien m'indique son itinéraire et ses dates de passage. Tout semble coïncider avec ce que j'ai prévu : on va peut-être se suivre jusqu'à San Francisco via Hong-Kong et Tokyo.

L'après-midi et le soir, je fais mes adieux à mes amis de Bangkok, puis vais à l'aéroport.

Mercredi 22 septembre.

Le départ a lieu à peu près à l'heure, c'est-à-dire trois heures du matin. Ayant fait état de ma licence de pilote à l'équipage, je suis invité au poste de pilotage, comme le veut la tradition. Pilotes et hôtesses se montrent très sympathiques, et le chef de cabine m'installe en première classe. Bien que l'heure ne soit pas aux boissons alcoolisées, j'ai droit à du whisky, du champagne, et une heure avant l'atterrissage à un solide breakfast. Durant la descente et jusqu'à l'atterrissage, je reste dans le cockpit.

L'approche de Hong-Kong est formidable, la visibilité excellente et avec une bonne paire de jumelles on pourrait presque voir les petits Chinois ! L'île de Hong-Kong se présente comme un pic flanqué d'immeubles d'une hauteur impressionnante. Il est neuf heures, le soleil est encore bas, ce qui donne à la ville un très beau relief. Lorsque nous nous posons, plusieurs avions attendent sur la bretelle pour le décollage : le trafic semble aussi intense qu'à Bangkok.

Les formalités de police sont rapides. A la douane, on me demande froidement si j'ai de la Marijuana, alors je réponds avec beaucoup de sérieux que je ne fume que du haschich. Du coup le douanier ne se donne même pas la peine d'ouvrir mon sac.

Je me mets en rapport avec l'Agence France-Presse pour leur signaler mon passage, puis avec l'adjoint au directeur d'Air-France à Hong-Kong, qui me reçoit très gentiment. Il me demande de repasser le lendemain pour voir ce qu'on va faire avec la presse. En fin d'après-midi, je me rends à la Banque de l'Indochine, où Jérôme Hollande, l'assistant du directeur, propose de m'héberger.

Il était temps que je trouve une solution sinon je n'avais plus qu'à me rabattre sur un parc ou une gare de chemin de fer. Sa femme, Florence, et ses deux jeunes enfants me font bon accueil : les enfants se mettront dans le même lit pour que je ne dorme pas dans mon sac de couchage.

Jeudi 23 septembre.

Jérôme Hollande, invité à déjeuner, m'assure que je peux venir avec lui sans problème. Nous sommes une dizaine. La plupart des convives sont chinois, donc on mange à la chinoise dans ce restaurant qui, dans le passé, était probablement une fumerie. Baguettes de rigueur et chacun se régale de ma maladresse. La nourriture est bonne et variée : de nombreux plats défilent, et lorsque je pense à nos restaurants avec entrée-steak-frites, fromage ou fruits, ça me fiche des complexes. Après avoir fait le plein nous partons.

Je me rends à Air-France. Les nouvelles sont excellentes : Air-France et l'hôtel Hilton organisent pour moi une conférence de presse, prévue mardi à onze heures.

L'Hilton offre la salle, Air-France les rafraîchissements. On me tend une enveloppe contenant cinquante dollars de Hong-Kong, soit cinquante francs, pour que je puisse prendre le bus ou le taxi, sympa, hein ! Je dois dire que ça me gêne un peu d'accepter de l'argent, mais je fais ce voyage dans des conditions telles qu'il serait ridicule de refuser.

Puis la directrice des relations extérieures du Hilton, Nancy Nash, tient à voir à qui elle a affaire : elle est charmante et nous sympathisons tout de suite.

Après cette entrevue, je regagne l'appartement de Jérôme. Il est situé sur le « Peak » d'où l'on a une vue terrible sur les îles environnantes.

Vendredi 24 septembre.

Rien à signaler. J'ai fainéanté toute la journée, me suis levé à midi et l'après-midi me suis amusé avec les enfants. Maintenant, le profil de ce voyage semble assez net : ayant fait Ceylan-Inde-Thaïlande-Hong-Kong, la tendance va vers le Japon et les U.S.A. Le reste du voyage est fonction de la date d'arrivée aux U.S.A. Si j'ai peu de temps, je rentre directement en France. Dans le cas contraire je vais au Mexique, en Amérique Centrale, Amérique du Sud, puis retour par l'Afrique.

Samedi 25 septembre.

Grasse matinée et balade en mer.

Dimanche 26 septembre.

Je viens de passer une bonne partie de la journée à faire mon journal.

Il faut signaler pour les amateurs que la Thaïlandaise à Bangkok m'a fait le même cadeau que l'Indienne de Delhi. Heureusement, j'ai un stock d'antibiotiques assez conséquent : dans quelques jours il n'y paraîtra plus.

Lundi 27 septembre.

Tourisme à Hong-Kong.

Mardi 28 septembre.

Après la période éprouvante de la traversée du Pakistan, de l'Inde et de Ceylan, commence la période de vedettariat : je viens de faire la conférence de presse à l'Hôtel Hilton, qui a bien marché. Les deux chaînes de télé, deux stations de radio, une vingtaine de journalistes et photographes se trouvaient présents.

Mercredi 29 septembre.

Les articles sont publiés et des tas de gens m'ont vu à la télé hier soir. Attendons les résultats.

Je me balade toute la journée dans Hong-Kong : ville pittoresque, colorée, et aussi ville de business : les gens sont pressés, ça grouille de petits Chinois, il y a un nombre invraisemblable de boutiques, de banques, d'agences de voyage, les immeubles sont envahis de panneaux publicitaires, le port et l'aéroport ont un trafic énorme.

Et pendant que circulent chaque jour des millions de dollars dans cette colonie anglaise remarquablement dynamique et vivante, les pousse-pousses, moyennant quelques cents, poursuivent leur tâche au milieu des Mercédès, Rolls et autres Chryslers.

La ville se compose de deux parties : l'une se trouve sur l'île de Hong-Kong et s'appelle Kowloon, vous prenez le ferry (tarif vingt-cinq cents en première classe) en dix minutes vous êtes sur le continent et là se trouve la deuxième partie de la ville, qui s'appelle Hong-Kong.

Cette deuxième partie s'avère très impressionnante : Hong-Kong est tout en hauteur, avec des immeubles de vingt ou trente étages flanqués sur le « Peak » (point culminant de la ville situé à six cents mètres d'altitude) et lorsque les typhons passent sur Hong-Kong, avec des rafales de vents de deux cents kilomètres à l'heure, les gens ne doivent pas être très rassurés du haut de leur vingtième étage !

L'une des attractions de la ville, mises à part les inévitables jonques sur lesquelles vivent des centaines de familles, c'est le « Peak Tram » qui relie le bas de la ville au sommet du « Peak » et se paie des pentes de l'ordre de 20 à 30 %.

On est à l'avant-veille de l'anniversaire de la révolution chinoise, en conséquence les banques de la Chine Communiste (il y en a à Hong-Kong, et c'est un peu surprenant au premier abord) font les méchants préparatifs : ces banques possèdent d'immenses buildings dont les façades sont entièrement recouvertes de drapeaux rouges, de portraits de Mao, d'inscriptions chinoises (pour les gens affranchis, on appelle ça des idéogrammes) rendant hommage au beau Mao, de tableaux de gens du peuple tenant un petit livre rouge.

Ils sont tous représentés avec une mine resplendissante de santé et un sourire en disant long sur le paradis chinois. Lorsqu'on considère ce décorum un peu démesuré, on imagine mal en France, à l'occasion du 14 juillet, un portrait de Pompidou de dix mètres de côté et en légende un truc du style : « On les aura, ces sales communistes. »

Bon, je vous en ai suffisamment dit pour aujourd'hui, je ferme jusqu'à demain.

Jeudi 30 septembre.

Pour le cas où personne ne serait disposé à me venir en aide (c'est le but principal de la conférence faite mardi) je me rancarde sur les possibilités de travail : vachement coton à cause du permis de travail, difficile à obtenir. D'autre part les salaires sont lamentables : quatre cents ou cinq cents francs par mois (dans un bistrot ou dans un bureau, seuls emplois envisageables pour une courte période).

Vendredi 1ᵉʳ octobre.

C'est l'impasse, les amis, toujours rien.

L'ami que je me suis fait à Bangkok, Philippe Quien, est arrivé à Hong-Kong. Je vais le voir et lui fais part de ma déception. Philippe me propose alors son assistance : « Je peux te prêter les cinq cents francs pour aller à Tokyo. » J'accepte, mais vraiment sans aucune arrière-pensée, ou plutôt sans aucun remords vis-à-vis du pari. J'en connais des qui vont dire que je triche : « Scandale, c'est dégueulasse, tout le monde peut en faire autant. »

1°) Il ne s'agit pas d'un prêt AVANT le voyage, mais PENDANT le voyage.

2°) Voyageant dans de telles conditions, je ne suis pas un type particulièrement solvable, alors il faut quand même réussir à inspirer confiance au prêteur.

3°) Il est bien entendu que cet argent sera rendu avant la fin du voyage ; je vais bien me refaire en cours de route quand même !

Je prends donc un bifton et je partirai demain. Le soir, je suis invité dans une famille chinoise à dîner. Le chef de famille est un industriel. Ces gens sont très sympa, surtout une des filles de la maison qui s'appelle Rita. Elle est encore jeune, mais je crois qu'elle plaira plus tard.

Repas à la chinoise, donc baguettes de rigueur. Ce soir, j'ai enfin su m'en servir correctement. Alors pour les gens désirant m'inviter à mon retour (voyez je pose des jalons), j'ai maîtrisé les différentes pratiques existant dans le monde : je peux manger avec une fourchette, avec des baguettes, avec les mains (voir mon séjour au Pakistan et en Inde).

Samedi 2 octobre.

Il y a quatre mois, jour pour jour, que j'ai quitté Paris et ce soir je serai à Tokyo.

Au cours de ces quatre mois, je n'ai jamais travaillé (mises à part les interviews de journaux et de télé), j'ai toujours mes cinq francs et pèse toujours soixante kilos, ce qui vous montre le nombre considérable de braves gens rencontrés ! A Tokyo je me trouverai à mi-parcours et n'aurai plus qu'à « basculer » de l'autre côté du globe : vers les U.S. puis... le reste.

Le bilan est satisfaisant. Je me sépare de mes sympathiques hôtes, Jérôme et Florence pour prendre un bus. Quelques mots sur les bus de Hong-Kong : bus à impériale entretenus d'une façon douteuse. Ils me font penser aux bus de Ceylan. L'ennui de ces bus, c'est qu'il faut payer, le contrôleur ne vous loupe pas. J'écris cela, car à l'étape précédente, c'est-à-dire à Bangkok, il était très facile de ne pas payer.

Je me souviens d'un jour où, étant monté à bord d'un bus avec mon sac, le chauffeur a brusquement démarré ; en conséquence je me suis retrouvé plaqué à l'arrière, puis ce même chauffeur a tout aussi brusquement freiné, et j'ai traversé le bus dans toute sa longueur sous l'effet de l'inertie (mon sac de trente kilos), tout le monde s'est tapé sur les cuisses, du coup j'ai pas payé...

Je quitte donc Hong-Kong en beauté puisque Philippe Quien m'invite à déjeuner dans l'un des meilleurs restaurants de la ville « Le Trou Normand ».

Comme quoi on rencontre toujours un bon petit restaurant français de par le monde.

Le propriétaire de l'établissement, au courant de..., s'oppose formellement à ce que Philippe règle mon addition ; alors un grand merci pour ce Français installé à Hong-Kong !

En sortant de l'établissement, je suis complètement saoul, alors Philippe me jette dans un taxi avec un billet, car il faut bien le payer, ce brave homme.

J'arrive à l'aéroport dans un état de douce euphorie... et lorsque l'avion décolle, j'ai suffisamment récupéré pour me rendre compte que dans quelques heures j'aurai rempli la moitié de mon contrat !

Le voyage se passe bien car l'équipage est au courant, ce qui me donne droit à toutes les gâteries d'ordinaire réservées aux passagers de première classe. Mais chut ! Faut pas que je dise qui m'a transporté car les gens de l'I.A.T.A. vont ruer dans les brancards ! !

On arrive à Tokyo vers vingt-trois heures. A Hong-Kong j'avais rencontré des Français de Tokyo, Jacqueline et Gilles Tarneaud, qui s'étaient proposés de me loger lors de mon passage au Japon. Je les appellerai donc demain matin car il est quand même un peu tard pour s'annoncer. Dans l'aéroport, je

137

sélectionne un endroit à peu près confortable pour dormir.

Dimanche 3 octobre.

Je bigophone à neuf heures : je dois les retrouver chez eux vers dix heures trente.

L'aéroport est à quinze kilomètres au sud de la ville et le moyen de locomotion le moins cher et le plus attrayant pour le touriste, reste le fameux monorail. Je suis un peu déçu par Tokyo : d'abord le ciel est gris, alors qu'à Hong-Kong il faisait un temps magnifique.

Puis les faubourgs de Tokyo ont cet aspect maussade et inhumain, propre à toutes les grandes cités industrielles. La station à laquelle je descends est un véritable labyrinthe. Je demande OU se trouve la sortie et à plusieurs reprises, on me répond un « oui » désarmant. Devant autant d'incompréhension, je décide de me démerder tout seul. Après avoir essayé escaliers, ascenseurs et couloirs, j'arrive enfin à l'air libre. Mes hôtes me reçoivent très gentiment, nous allons déjeuner à l'American Club, et je passe l'après-midi à mettre un peu d'ordre dans mon sac et à voir comment je pourrais faire pour obtenir trois cent soixante-dix dollars (prix d'un billet Tokyo-Los Angelès). Ça va être difficile, très difficile.

Lundi 4 octobre.

Je vais utiliser mes atouts habituels : contacter Air-France et l'A.F.P. de manière à ce qu'ils parlent de mon histoire à un journal et à une chaîne de télé.

Je précise bien : UN journal et UNE chaîne de télé, car je suis persuadé d'une chose : une conférence de presse est intéressante, car elle donne une large couverture publicitaire. Seulement les résultats sont aléatoires (exemple : Hong-Kong) tandis que si je donne l'exclusivité de mon aventure à un journal et à une chaîne de télé, ça se paie.

Donc je vais d'abord à Air-France et, ô surprise, on me fait comprendre que des mendiants comme moi, on en voit souvent ; en conséquence ça n'intéresse pas la compagnie.

Alors ça avouez que c'est pas mal ! Vous savez qu'Air-France donne quand même un tour du monde à la gagnante du concours que fait le journal ! Vous savez l'accueil formidable qu'Air-France m'a réservé à Karachi, Delhi, Calcutta, Bangkok, Hong-Kong !

Enfin, je n'insiste pas et m'en vais, écœuré.

L'O.R.T.F. se trouvant dans le même immeuble qu'Air-France, je leur signale mon passage.

Monsieur Volker décide d'envoyer un télex à Paris pour demander l'autorisation de m'interviewer, procédure qui me paraît un peu lourde mais personne n'ignore qu'à la télé française...

Je vais voir Monsieur Allais, de l'A.F.P., avec lequel j'ai rendez-vous pour un déjeuner. On s'envoie un gueuleton arrosé par un Côte de Beaune, pas dégueu. On discute longuement, mon voyage l'intéresse beaucoup : il décide de s'occuper du contact avec la presse. Réponse demain.

Mes visites ne sont pas terminées et voici pourquoi : j'ai huit mille kilomètres de Pacifique à traverser, l'étape la plus dure du voyage. Ma ligne de conduite va être de frapper au plus grand nombre de portes possible, dire : je suis là, je veux aller aux U.S. comment faire ? Bosser sur un bateau ! Faire du rentre-dedans à une vieille américaine ? Passager clandestin ? Il faut lancer le bouchon et attendre que ça morde. Si rien ne marche, j'irai à l'aéroport (un endroit où il y a du pognon) et, au risque de vous décevoir, chers lecteurs : « à vot' bon cœur, m'sieurs dames ».

Mardi 5 octobre.

Je lis, paisiblement allongé dans un lit confortable.

On me demande au téléphone : le correspondant de *France-Soir*. Il a appris ma présence de la façon suivante : l'A.F.P.-Tokyo a envoyé un télex à l'A.F.P.-Paris, comme *France-Soir* est abonné à l'A.F.P., le journal a reçu l'information ; et *France-Soir-Paris* a envoyé le télex à *France-Soir-Tokyo*.

Autrement dit, cette information a fait le tour du monde alors qu'à Tokyo le bureau de l'A.F.P. est à cent mètres de celui de *France-Soir* ! Je trouve ça délicieux.

Donc on me téléphone pour me dire qu'un journal s'intéresse à mon cas. Rendez-vous à son bureau à quinze heures.

Je déjeune chez Jacqueline et Gilles, puis vais à ce rendez-vous où, avec une indiscutable gentillesse, on va faire tout ce qu'on pourra pour m'aider.

La journaliste prend des notes, puis congé en disant qu'elle va demander à son boss s'il est d'accord pour cracher (je sais par expérience qu'il est difficile de se faire payer un article).

Lorsque je quitte Monsieur Giuglaris, le correspondant de *France-Soir*, celui-ci me remet une enveloppe en me disant que c'est pour mes frais de métro et de taxis. Je proteste mais à quoi bon !...

Une fois dehors, j'ouvre l'enveloppe, elle contient cinq mille yens, soit quatre-vingt francs : pas mal pour des frais de déplacement lorsqu'on sait qu'à Tokyo le métro coûte 30 yens et pour traverser la ville en taxi, ça ne coûte pas plus de trois ou quatre cents yens.

Je rentre vite chez mes hôtes car je fais du baby-sitting ce soir...

Mercredi 6 octobre.

O rage, ô désespoir : je savais que les Japonais, comme tous les orientaux, disaient oui même s'ils ne comprennent rien et je crois que la journaliste a mal compris. Elle a retenu que je voyageais beaucoup et me demande à présent de lui pondre un article sur le Pakistan. Mais que vais-je lui dire sur le Pakistan ? Allez ! va pour le Pakistan :

Rendez-vous vendredi à midi, « chez moi », ajoute-t-elle.

Serait-ce une proposition ?

Quant à la télé, Monsieur Giuglaris n'a pas pu contacter le producteur de l'émission à laquelle il a pensé. Nous sommes mercredi et les choses traînent. Je regarde les petites annonces : parfois on y trouve des trucs extraordinaires. Tiens, un Américain cherche un gardien pour sa maison aux U.S.A. ! Je téléphone : trop tard, la place est prise.

Je passe la journée à la maison, en espérant que quelque chose se produise, mais rien !

Jeudi 7 octobre.

Le soir je suis invité à dîner par Philippe Quien, qui vient d'arriver à Tokyo. Un truc bien qui va chercher très cher. Il m'offre ça car il a bien vendu son vin à Hong-Kong et à Singapour. On s'est suivi de Bangkok à Hong-Kong, puis de Hong-Kong à Tokyo, mais j'ai bien peur qu'il n'arrive à San-Francisco avant moi : il part mercredi prochain, soit dans six jours. Sincèrement, je ne pense pas que mon problème d'argent soit résolu en aussi peu de temps.

Je le répète : la traversée du Pacifique est l'étape la plus délicate du voyage.

Vendredi 8 octobre.

Remise des documents au chef d'escale adjoint d'Air-France qui rentre à Paris. Le soir Jacqueline et Gilles reçoivent deux Français. L'un d'eux annonce qu'il cherche une femme de ménage. Je lui propose mes services, il croit que je plaisante, mais une fois mis au courant de mon voyage, nous convenons des prix et des conditions de travail, et me voici embauché comme valet de chambre-cuisinier-maître d'hôtel, pour une durée de deux semaines !

142

Samedi 9 et dimanche 10 octobre.

Temps maussade. Comme je suis fatigué, je reste chez mes amis, écoute la radio et lis quelques revues dont « Planète » qui me passionne vraiment.

Du lundi 11 octobre au lundi 26 octobre.

Je groupe ici deux semaines sans détailler chaque journée, car c'est la période pendant laquelle je travaille, donc rien de spécial. Je cite juste les événements principaux :

Le lundi 11 octobre je vais habiter chez « mon patron » qui me soigne aussi bien que Jacqueline et Gilles. Je lui fais la popote tous les soirs et parfois il m'invite à bouffer dans les meilleurs restaurants ou m'emmène au ciné, sympa ! Grâce à Jacqueline, la télé m'a proposé de jouer dans une petite pièce (où j'avais le rôle d'un directeur de prison) et la radio m'a fait une interview. Tout cela m'a rapporté une espèce de pourboire insignifiant.

Alors faisons ensemble le bilan : la télé, la radio, les cinq milles yens que m'a donné Monsieur Giuglaris de *France-Soir,* plus mon salaire : tout cela ne fait pas le compte pour la traversée du Pacifique. Alors, mes bien chers lectrices et lecteurs, au risque de vous décevoir, je suis allé à l'aéroport de Tokyo et « à vot' bon cœur m'sieurs dames ». J'y ai passé quatre demi-journées au terme desquelles j'ai pu acheter mon billet d'avion... avec un sac rempli de pièces et de billets, ce qui a beaucoup intrigué l'hôtesse !

143

Evidemment, je connais des mécontents qui vont me traiter de snobinard parce que je prends l'avion et non pas le bateau et après tout je pourrais travailler sur un bateau, pensent-ils. Ceux-là ne méritent pas de lire ce livre, mais je leur réponds quand même : l'époque où l'on pouvait travailler sur un bateau en échange d'un passage gratuit s'avère irrémédiablement révolue et j'en ai fait les frais à plusieurs reprises. Donc, il faut casquer si on veut se balader.

Pourquoi l'avion ? Car le prix d'un passage pour les U.S. est seulement de quelques dollars en moins si on prend le bateau *au tarif le plus bas* (pas surprenant qu'il n'y ait presque plus de bateaux passagers).

Donc je choisis l'avion, car j'économise dix jours de voyage et j'ai plus de choix pour l'itinéraire. Exemple : je vais faire Tokyo, l'Alaska, Seattle, San-Francisco, Los Angelès pour le même tarif qu'un Tokyo-Los Angelès direct.

J'aurais pu choisir de faire escale à Hawaï mais c'est une île bien à l'américaine truffée d'hôtels ultra modernes, où des dizaines de milliers de touristes américaines pleines d'argent et de cellulite viennent se payer un coup de plage. Donc Hawaï pas intéressant.

Et Tokyo ?

C'est une ville de 12 000 000 d'habitants, énorme, qui s'étend sur des dizaines de kilomètres. On s'y déplace facilement avec les trains, le métro, et un réseau d'autoroutes qui ferait pâlir de jalousie nos responsables.

Quant aux bus, leur itinéraire est marqué en japonais et j'y ai immédiatement renoncé, après avoir essayé cependant une fois, et l'expérience a été intéressante : le chauffeur dispose d'un magnétophone et une voix féminine, très « hôtesse Air-France » annonce chacune des stations ; système d'annonce également utilisé pour le métro. Parlons un peu du métro : La courtoisie des Japonais est légendaire, mais lorsqu'ils utilisent le métro, l'instinct prend le pas sur la courtoisie, on se fait souvent bousculer et personne ne s'excusera. Aux heures d'affluence, les derniers à monter dans les voitures *poussent* les autres pour pouvoir embarquer.

En cours de trajet, il y a toujours quelques personnes en train de roupiller. Marrant !

Si l'on veut éviter ces bousculades un peu déplaisantes, on peut prendre les taxis, d'ailleurs bon marché et moyen de transport assez recommandé lorsqu'on ne connaît pas la ville car les rues ne portent pas de noms. Une adresse donne un quartier de la ville, puis une partie de ce quartier, enfin le nom de l'immeuble. De certains immeubles le nom est connu de tous (donc un chauffeur de taxi s'en contentera), il s'agit principalement des banques, de la presse et des grands magasins.

Le quartier ayant la plus grande activité commerciale s'appelle Ginza. On y trouve des banques de toutes nationalités, de nombreux restaurants, night-clubs, centres de presse (il faut savoir qu'à Tokyo plusieurs quotidiens tirent à 3 ou 4 millions d'exemplaires), supermarchés gigantesques.

La visite d'un grand magasin n'apporte rien de nouveau par rapport à ce qui existe en France, si ce n'est évidemment l'importance du rayon des appareils d'optique, de radio et de télévision (à Tokyo il y a sept ou huit chaînes de télé avec de nombreux programmes en couleur). Les clients bénéficient d'un service absolument parfait (rien à voir avec le j'menfoutisme de bon nombre de vendeuses et vendeurs dans les grands magasins français) : les marchandises achetées sont admirablement bien emballées, comme s'il s'agissait d'un cadeau. Lorsqu'on demande un renseignement, il y a tout de suite une charmante et souriante japonaise qui pilote le client jusqu'à la boîte de conserve ou la bouteille d'huile qu'il n'a pu trouver.

D'ailleurs, les Japonais sont très disciplinés et appliqués au travail. Ils ont nettement conscience de ce qu'est leur pays : cent millions d'habitants concentrés sur 370 000 kilomètres carrés, un territoire disposant de peu de ressources naturelles. A ces conditions défavorables, ils ont répondu par une ingéniosité et une discipline remarquables qui ont hissé le Japon au rang de quatrième puissance mondiale. Donc, cette discipline se trouve dans la vie de tous les jours, au travail et dans la rue.

Ainsi dans Ginza, une cinquantaine de piétons, ou plus, peuvent attendre à un feu rouge, mais jamais on essaiera de traverser avant que le feu ne passe au vert, même s'il n'y a pas de trafic.

Certains portent des sortes de masques couvrant la bouche et le nez, de manière à ne pas se faire contaminer par l'air pollué.

En ce qui concerne les travaux d'aménagement des rues les Japonais s'avèrent assez remarquables : pour ne pas gêner la circulation trop longtemps (comme c'est le cas en France lorsqu'il y a des travaux) ces chantiers obtiennent une sorte de priorité et fonctionnent souvent vingt-quatre heures sur vingt-quatre, tous les jours de la semaine, dimanche compris.

Les garants de la discipline et de l'ordre dans une ville c'est la police. A Tokyo, elle est partout. Dans Ginza, presque à tous les carrefours. Les policiers signalent les infractions commises par les piétons et les voitures à l'aide de hauts-parleurs, et la personne en faute rectifie tout de suite la position. La police japonaise est particulièrement dure (un peu comme aux U.S.). Lorsque les voitures de police défilent, toutes les sirènes en fonctionnement, ça crée vraiment une atmosphère apocalyptique. Si ces messieurs arrêtent une voiture dont le chauffeur a le moindre centigramme d'alcool, il lui arrive les pires ennuis.

Je vous ai donc parlé d'un Tokyo moderne, très occidental (les grands magasins, les banques, les autoroutes, etc.), mais la vie d'une famille japonaise est tout à fait traditionnelle.

J'ai été invité à plusieurs reprises chez des Japonais : ils vivent dans des pièces assez petites recouvertes de Tatamis (des nattes de paille semblables à celles utilisées sur la plage) ; les dimensions d'une pièce sont calculées selon le nombre de Tatamis ; on lira dans un journal : « A louer, une chambre de cinq tatamis. » Les maisons japonaises ont peu de meubles, le lit est souvent formé d'un simple matelas pliant appelé « Phton » que l'on sort d'un placard le soir.

Il faut, lors d'un dîner à la japonaise, distinguer ce que l'on mange, du cadre dans lequel on mange. Ce que l'on mange est indiscutablement infâme, et c'est l'avis de pas mal de Français que j'ai rencontrés. Au cours du repas on boit du thé ou du saké. Le saké est appelé « vin japonais » mais ça n'a rien à voir avec le vin (alcool de riz, titrant environ 30°, et qui se boit chaud).

Tout se passe dans une atmosphère reposante : les hommes s'*assoient* à même le sol, les femmes s'*agenouillent.* La maîtresse de maison, parfois vêtue du traditionnel kimono, a les gestes et la voix d'une douceur aérienne.

Bref, le repas à la japonaise tel que je l'imaginais d'après ce que j'avais pu en lire.

Si l'on veut se loger et se nourrir à l'occidentale, les prix sont démentiels : il n'est pas rare de payer cinq mille francs par mois un appartement de quatre pièces. Au restaurant, un repas revient à cinquante francs.

Un dernier mot sur Tokyo : il y a une présence française importante : trois écoles françaises, le lycée franco-japonais, l'Institut « L'Athénée ».

Des pâtisseries, boulangeries, restaurants, bars français ; à la télé, j'y ai vu aussi un truc sur les jeux olympiques de Grenoble.

Le Japonais parle avec mesure et courtoisie, masquant un tempérament fougueux et combatif (qui s'est illustré de belle manière, aussi bien dans la guerre que dans l'édification d'une économie super-puissante).

Mardi 26 octobre.

Le coût du trajet Tokyo-Guam représentait ce

que je devais normalement posséder après avoir fait des ménages pendant deux semaines. Etant un peu embarrassé d'avoir fait la manche pour payer mon passage jusqu'à Los Angeles, j'ai dit à Jacqueline, Gilles et Yves que j'allais à Guam, cette petite île américaine perdue dans le Pacifique. J'espère qu'à la lecture de ces quelques pages, ils voudront bien excuser ce mensonge.

Donc départ pour l'Alaska, ma première étape à 13 h 45. Le vol se passe parfaitement bien et j'ai droit au plus beau coucher de soleil que j'ai jamais vu. Ça se passait à une centaine de miles des côtes de Kamtchatka, cette protubérance ayant la superficie de l'île de Honshu (Japon) et séparant la mer d'Okhotsk de la mer de Bering, comme chacun sait ! La mer et le ciel prennent successivement toutes les couleurs : jaune, orange, rouge vif, bordeaux, puis mauve. En même temps, on peut voir, derrière, un ciel bleu clair, et devant, la nuit qui nous absorbe d'ailleurs très vite puisqu'on atteint des latitudes de plus en plus élevées.

Mardi 26 octobre bis.

Je ne déconne pas ; je vous ponds deux fois un mardi 26 octobre car on vient de passer la ligne de changement de date ! A cette occasion, je fume un énorme cigare amerlock et m'envoie plus de la moitié d'une bouteille de champagne, le tout aux frais de la Compagnie qui a des hôtesses merveilleusement gentilles.

Pour la descente et l'atterrissage, j'ai demandé à aller dans le poste de pilotage. La tour de contrôle de Fairbanks annonce une température de — 8°, une piste enneigée et de faibles chutes de neige. Moi qui ai quitté le Japon en petite chemise puisqu'il faisait + 20°, il faudra que je prenne des mesures d'urgence en ce qui concerne mon habillement. A deux heures du matin, on est en vue du terrain. Je suis très impressionné car, quittant quelques heures auparavant une ville de vingt millions d'habitants, maintenant je vois une espèce de gros bourg (Fairbanks a quinze mille habitants), c'est-à-dire quelques lumières émergeant d'une mer de neige. Pendant quelques instant, j'ai la sensation de vivre un mauvais rêve. Mais non, je ne rêve pas, le Boeing se pose... Le freinage n'est pas de très bonne qualité à cause de l'état de la piste. On arrive au parking, l'appareil s'immobilise, les portes s'ouvrent et à cet instant, les amis, je me mets à jouer un concerto en mi majeur pour castagnettes et orchestre pas piqué des vers. Je ne sais pas si vous avez déjà essayé de vous balader dans la neige par — 8° et un vent de 50 kilomètres à l'heure ; ce sont les conditions idéales pour attraper une pneumonie avant d'avoir eu le temps de terminer une cigarette ! Tous les passagers se précipitent vers l'Aérogare, la plupart se dirigent vers la salle de transit (l'avion continue vers New York) et seulement 5 personnes débarquent en Alaska : 2 hôtesses d'une compagnie aérienne travaillant à Fairbanks, 2 texans venant pour affaire (quel genre d'affaire peut-on traiter sur cette terre immense grande comme trois fois la France et ayant 250 000 habitants ?) plus ma pomme. J'ai cinq heures et demi d'attente pour la correspondance vers Anchorage, la ville la plus importante de l'Alaska avec 50 000 habitants. C'est là que font escale tous les avions allant de l'Europe vers le Japon, via le Pôle.

Les 2 texans, ou plutôt un texan et sa fille, prennent le même avion que moi.

Ils sont très sympas, et comme on en arrive vite aux confidences avec les ricains, je leur déballe mon répertoire. Ça leur botte, et le père me donne sa carte pour le cas où.

Il est vice-président d'une Compagnie possédant près de 400 magasins spécialisés dans la vente des poulets frits, et il va faire une visite à ses agents d'Anchorage : un monsieur qui a particulièrement les moyens puisque sa fille, d'ailleurs charmante, et lui ont un billet Texas-Australie-Japon-Alaska-Texas en première classe. Un truc qui doit aller chercher dans les 3 000 dollars pour 2 personnes, plus les frais de déplacement car il est évident qu'ils ne vont pas dans les Auberges de Jeunesse. Ils seront au Texas dans une semaine, donc si je passe à San-Antonio, je serai le bienvenu. Adresse à retenir.

Il fait un peu plus chaud à Anchorage puisque le thermomètre ne marque que — 4°. Je passe à Air-France pour qu'ils fassent une réservation sur un vol Anchorage-Seattle dimanche 31 octobre.

Là, je rencontre un équipage d'Air-France arrivant de Tokyo et l'un des stewards me propose de partager l'appartement dans lequel il sera logé pendant quelques jours, estimant à juste titre qu'il

151

ne serait pas raisonnable de dormir dehors, exposé aux froides nuits de l'Alaska.

N'ayant pas dormi dans l'avion, je m'accorde 15 heures de sommeil.

Mercredi 27 octobre.

On joue au scrabble et au black-jack toute la journée. Le soir, les techniques (en jargon aéronautique ce mot désigne les membres d'équipage chargés de la conduite de l'appareil : commandant de bord, co-pilote, mécanicien navigant, navigateur) m'invitent à un gueuleton pas piqué des hannetons. On rit beaucoup car il s'agit d'un équipage célèbre à Air-France pour son entrain et ses histoires à faire rire un trappiste. Ils font un vol-cargo demain sur Tokyo et reviennent samedi, alors on remet ça samedi !

Jeudi 28 octobre.

Des hôtesses et stewards décident de me nourrir jusqu'à dimanche. En échange je propose mes services pour la plonge, c'est la moindre des choses ! L'après-midi on fait une balade en ville : Anchorage est une ville à l'américaine, c'est-à-dire des rues et des avenues se coupant à angle droit, les constructions étant en majorité des maisons individuelles. La population vit sur un rythme beaucoup plus calme que dans les autres états américains et les gens sont plus aimables et détendus que nulle part ailleurs aux

U.S. J'ai discuté avec un américain des problèmes d'emploi en Alaska : les salaires sont élevés, comme chacun le sait ; en contrepartie le chômage est important l'hiver, car il fait extrêmement froid et de nombreux secteurs d'activités ne fonctionnent plus, en particulier la construction (actuellement il y a déjà 9 % de chômeurs). Pour clore ce petit topo sur Anchorage, je dois dire que je suis désolé pour vous qui me lirez, mais je n'ai pas vu d'ours polaires, ni d'esquimaux se promenant en traîneau à Anchorage ! En cherchant bien, ça doit peut-être encore se trouver dans les environs.

Vendredi 29 octobre.

Un steward ayant loué une voiture, on va jusqu'à une station de ski située à une quarantaine de miles. Paysage magnifique : des arbres, des montagnes, de la neige à perte de vue. Parfois on voit la mer, une mer sans vague figée par le froid. Immensité inhabitée, impressionnante et attirante à la fois, lorsque je songe à la foule d'aberrations qu'il faut supporter dans la vie en société.

Bon, voilà que je me mets à faire des phrases.

Ce soir, on mange au Chablis de Californie ; eh oui, ça existe !

Samedi 30 octobre.

On va se coucher à 6 heures du matin. A tout à l'heure !

153

Lever des troupes vers 11 heures. Le temps étant maussade, tout le monde reste alors dans les appartements.

J'écris à mes parents et amis.

L'après-midi, l'équipage qui a fait le gueuleton mercredi soir est de retour. On fait donc les préparatifs pour le dîner, je propose d'aider le chef (qui occupe les fonctions de co-pilote habituellement). Nous sommes à un paquet de kilomètres de la France, mais je peux vous assurer qu'on fait un repas bien à la française, avec gigot, picrate et tout quoi !

Dimanche 31 octobre.

Je prends l'avion ce soir à 23 h 30. Donc, de manière à ne pas être lessivé à mon arrivé à Frisco (San Francisco pour les non-initiés), je m'octroie une journée de repos : télé, jeux de cartes et autres passe-temps. Je quitte cette sympathique équipe d'Air-France vers 21 h 30 pour faire du stop.

Dix minutes plus tard je suis pris par un jeune Américain qui fait un détour pour me déposer à l'aéroport.

J'ai droit à un 747 jusqu'à Seattle et comme tout Jumbo-Jet qui se respecte, le mien a 40 minutes de retard. On embarque...

Lundi 1er novembre.

...à 0 h 10 et on se posera à Seattle sur les choses de 5 heures. Ma correspondance est à 7 h 30 et je

154

profite de cette attente pour visiter l'aéroport : plus je vois des aéroports aux Etats-Unis, plus je les trouve tristes et froids. Orly reste vraiment le plus accueillant et le plus bel aéroport que je connaisse.

Dans l'aérogare, il y a de nombreux militaires attendant le départ : ce n'est pas demain qu'on promènera nos bidasses en avion ! Le quart de place sur Air-Inter, voilà une revendication sérieuse : lorsqu'un militaire a une permission de 48 heures et qu'il habite à 1 000 kilomètres de sa caserne, il est marron avec la S.N.C.F. Tiens, on annonce le départ de mon vol.

On arrive à San Francisco à 9 heures.

Je téléphone au Consulat et bien que ce soit un 1er novembre on consent à me répondre. La personne qui est au bout a une très belle voix. Elle doit être assez jeune, jolie, avec des formes devant et derrière. J'aimerais bien l'interviewer. On convient de se voir vers midi. Non pas pour ce que vous croyez, vous aimeriez bien que ce soit une histoire de fesses. Non, il s'agit simplement d'avoir quelques tuyaux sur le patelin et surtout de prendre mon courrier.

Je fais du stop jusqu'en ville et prends un bus pour le Consulat. Dans le bus, je rencontre une Française sympathique avec laquelle je ne peux guère discuter car le chauffeur me signale que je suis arrivé. Je vais voir la personne susnommée, qui répond d'ailleurs parfaitement à la description faite plus haut ; ajoutez à cela des yeux et une bouche... Y a pas de doute, ils font bien les choses aux A. E. (Affaires Etrangères). Bref, j'en oublie ce que je voulais demander.

Ah oui... Et je débite ma litanie avant de lui poser mes quelques questions. Elle me dit que cela pourrait intéresser la télé et les journaux, je note les adresses.

Le téléphone sonne : on me demande !

Il s'agit de la jeune femme rencontrée dans le bus qui me propose de rester chez elle durant mon séjour à San Francisco. Elle vient me chercher une demi-heure plus tard. Elle me présente son fiancé, Imré, elle, s'appelle Jacqueline.

On traverse une bonne partie de la ville avant d'arriver chez eux, ce qui me permet d'en avoir un petit aperçu. San Francisco est construit sur des collines. Lorsqu'on circule en voiture, ça monte et ça descend, un peu comme les montagnes russes. Il y a beaucoup de maisons de deux ou trois étages absolument adorables, construites probablement vers la fin du siècle dernier. Il y fait beau et les filles sont jolies. Bref, je me sens très bien... Puis je ne me sens plus très bien du tout, car une fois arrivé chez Jacqueline et Imré, je m'écroule littéralement sur le lit qu'ils m'ont préparé, tellement j'ai sommeil.

Jacqueline me réveille pour le dîner. Ensuite, on va visiter le San Francisco by night, c'est-à-dire Broadway Avenue. Rien de différent des quartiers nocturnes de toutes les grandes villes. On monte sur une colline qui domine toute la ville, et de l'autre côté de la baie de San Francisco on voit les villes de Richmond, Oakland, Berkeley. Autant de noms qui vous font rêver, vous les rois du métropolitain la semaine, et des balades à Vincennes le dimanche !

Mardi 2 novembre.

Je me mets à jour en ce qui concerne le courrier et la lessive ; je prends des rendez-vous avec deux journaux. Puis, fais une solide sieste de manière à vous éviter la corvée de lire mes salades. Le soir on fait un dîner sympa tous les quatre, Jacqueline, Imré, leur chat et moi.

Mercredi 3 novembre.

Je suis interviewé par « Le Californien », journal qui sort toutes les deux semaines, en langue française. Leur feuille de chou a tellement de succès qu'ils n'ont même pas de quoi s'acheter un appareil photo : ce n'est pas un gag, mais la triste vérité : un employé prête son polaroïd pour que le journal puisse montrer à ses lecteurs à quoi je ressemble ! Après cette interview, qui s'est passée à l'heure du déjeuner et au cours de laquelle ils m'ont généreusement offert une tasse de café et quelques cacahuètes, je vais voir un journal américain important : le « Chronicle ».

Avec mon sac sur les épaules, je fais une entrée très remarquée : c'est le genre de choses dont raffolent les Américains.

On me photographie dans toutes les positions pendant que je raconte mes tribulations à un journaliste, lequel a l'air affecté d'une maladie assez répandue à San Francisco : la pédérastie, ou si vous préférez l'homosexualité, ou encore la jaquette flottante, ou bien disons que c'est un monsieur qui ne met jamais les mains où il faut lorsqu'il est au cinéma.

Une fois ma prestation terminée, je vais à la télé. Même accueil qu'au journal ricain. On me donne rendez-vous demain à 10 h 30 pour l'enregistrement. Une fille me demande si je veux bien coucher chez elle (elle suppose que je n'ai pas de logement puisque je suis avec mon sac !) ; elle habite Berkeley et j'aimerais bien visiter l'Université. Et puis on ne sait jamais...

Alors je dis oui en attendant mieux. En arrivant chez elle, le repas est prêt : elle me présente sa room-mate. (Aux Etats-Unis, des filles vivant dans le même appartement pour partager les frais est une chose très courante. On voit souvent dans les journaux des annonces où des filles déballent leur curriculum-vitae, afin de trouver une compagne adéquate pour partager un appartement : la compagne s'appelle une « room-mate ».)

N'ayant pas le don d'ubiquité ni de goût prononcé pour le ménage à trois, je renonce à mes projets canailloux en raison de l'exiguïté des lieux.

Jeudi 4 novembre.

On se lève assez tôt car je tiens à visiter la célèbre Université de Berkeley.

Les abords de l'Université s'avèrent assez étranges. Par le passé, il y a eu de nombreuses manifestations au cours desquelles on cassait et on pillait les vitrines des magasins. Maintenant les boutiques et les banques ont remplacé les parties

vitrées par des murs de briques, ménageant quand
même une petite entrée pour les clients, ce qui rappelle les immeubles situés près du mur de Berlin :
les communistes ont remplacé les fenêtres donnant
sur la partie occidentale de Berlin par des murs de
briques (mais pour d'autres raisons). C'est un peu
ça, mais en moins triste ; je dirai même que l'initiative
des commerçants de Berkeley est plutôt spirituelle.

L'américaine, (je ne me souviens plus de son
nom) et moi entrons dans le Campus, évidemment
très important puisqu'il y a 80 000 étudiants. L'accou-
trement de ces jeunes gens est parfois cocasse. Je
ne fais aucune description, car les journaux et la télé
en ont suffisamment parlé. Retenez que le truc très
à la mode pour les garçons, c'est la chevelure en
queue de cheval et de minuscules lunettes avec une
fine monture, qui leur donne un air bovin ravissant.

L'université de Berkeley est assez remarquable :
beaucoup d'espaces verts et des terrains de sports,
des bâtiments ultra-modernes.

Après cette visite, je fais du stop pour aller à
San Francisco. Le type qui me prend me largue
devant K.Q.E.D. (c'est la station de télé). Une journaliste, une technicienne et un cameraman se pro-
mènent avec moi dans la ville. On me questionne,
on me film debout, assis, avec et sans sac, marchant
dans les rues, on me filme également les pieds. Bref,
c'est du grand art. Je sens qu'ils ont fait du bon
travail et ça change avec les procédés assez rudi-
mentaires des pays d'Asie. On finit à 14 h 30. Ils me
gardent encore une heure pour un repas léger, le
dépôt des films au laboratoire, et un enregistrement
supplémentaire sur magnétophone. Je fais les

159

comptes au responsable : « J'ai passé cinq heures avec vous, vous me payez combien ? » Il me répond sans aucun complexe qu'il n'a rien à me donner, il considère que ça me fera de la publicité. Mais quelle publicité, bordel, je m'en vais demain !

Alors, avouez que ce n'est pas mal : je suis passé dans des pays très pauvres, comme l'Inde et le Pakistan, où le revenu par habitant n'est pas le vingtième de ce qu'il est aux Etats-Unis, eh bien, ils m'ont payé pour les enregistrements que j'ai faits !

Aux U.S. pays d'abondance, NON ! Ce n'est pas pour les quelques dollars que je n'ai pas eu, mais sur le principe que j'explose littéralement ! D'une malhonnêteté et d'une avarice rare ce qu'ils font ! Je les aime bien les ricains, ils sont gentils, mais vraiment imbuvables parfois. Bon, ce n'est pas très important.

Le soir, je suis invité à un dîner chez des Français que Jacqueline a affranchis sur mon voyage : des méridionaux ayant vécu en Corse et à Marseille, leur accent me fait chaud au cœur. Il ne manque qu'une bouteille de pastis pour parfaire l'ambiance. Cela me rappelle mes vacances sur la Côte d'Azur lorsque j'étais gosse. Mes hôtes sont sur le point d'installer un restaurant, mais ils me confient que tout est difficile maintenant aux Etats-Unis ; ce n'est plus la belle Amérique d'autrefois : le coût de la vie est élevé, les salaires ne suivent pas, il y a le chômage. La progression du nombre des suicides est tout à fait symptomatique : à San Francisco l'un des plus grands ponts du monde, le « Golden Gate » est surnommé par certains le « Pont du suicide ».

L'Amérique semble bien malade : une situation économique médiocre, la jeunesse révoltée, la corruption des fonctionnaires (il y a actuellement à New York un procès mettant en cause l'honnêteté d'un certain nombre de policiers), la rumeur publique dit que des personnalités appartiennent à la Mafia et l'on cite le nom du maire de San Francisco, Monsieur Alioto.

Ces considérations pessimistes ne nous empêchent pas de faire un excellent dîner.

Je quitte assez rapidement mes hôtes, car demain je pars dans le Nevada avec Jacqueline et Imré pour être témoin à leur mariage ! On fait décidément les choses les plus invraisemblables au cours d'un tour du monde !

Vendredi 5 novembre.

On arrive au motel à 9 heures. Le patelin s'appelle Lake Tahoe ; ça se trouve au bord d'un lac portant le même nom; tout autour il y a des sapins, des milliers de sapins : nous sommes à 1 800 mètres d'altitude et il fait froid.

On se repose un peu, on fait un brin de toilette, quelques achats, puis on met le cap sur Carson City pour le mariage.

Carson City est un nom fabuleux pour les passionnés de l'histoire du Far-West. Il s'agit maintenant d'une petite ville tranquille dont la ressource principale est le jeu, et, accessoirement, les mariages.

Pour le jeu j'en parlerai plus loin. Pour les mariages : des centaines d'églises, habilitées à délivrer une licence de mariage, se font de la publicité à l'aide d'immenses panneaux indiquant : « Ici mariage », les heures d'ouverture, parfois les tarifs. Mais pourquoi tout ça au Nevada ? Eh bien, dans cet Etat on peut faire un mariage en cinq minutes, il n'y a pas de publication des bans, pas de certificat de visite pré-nuptiale, souvent pas de pièce d'identité à présenter.

Nous nous rendons à la « Justice Court » pour faire un mariage civil. Le type n'étant pas là, puis n'étant pas libre immédiatement, il faut attendre trois heures : de 2 à 5 heures.

On va faire des photos, puis prendre un pot dans un casino. J'ai un méchant ticket avec la barmaid qui me refile de l'Artiche pour jouer (sans rien savoir d'ailleurs de mon voyage). Je perds évidemment et elle me glisse d'un air très détaché que souvent, elle joue après son travail et qu'elle finit à 5 heures ! C'est net et sans bavure : à prendre ou à laisser ! Moi je prends et lui dis à plus tard.

Nous revenons à la « Justice Court ». Jacqueline et Imré sont mariés avec une rapidité déconcertante : ça va chercher dans les trois ou quatre minutes. Ils signent les papiers, je signe à mon tour, et le juge leur remet la « marriage licence » en leur disant de ne pas trop s'engueuler et de ne pas consommer à plusieurs rateliers. On va rapidos à mon rancart car ma chérie doit se morfondre. Dès qu'elle m'aperçoit, elle fait de grands signes et nous paie un pot à tous les trois.

Je suis sur le point de lui proposer une soirée intime lorsque apparaît un type taillé en lutteur de foire. Elle nous présente le monsieur : son mari. On n'insiste pas et on se casse cinq minutes plus tard. Je crois que la présence de Jacqueline et d'Imré a sauvé la situation car si je m'étais trouvé en tête-à-tête avec Madame, Monsieur n'ayant pas l'air commode, il aurait pu se montrer très méchant.

Le soir, on fait un dîner au champagne, puis on va dépenser un peu d'argent au casino : le Nevada est le seul état où le jeu soit autorisé. Ainsi, des dizaines de milliers de personnes viennent chaque jour des Etats les plus éloignés, en bus, en voiture, en avion, parfois en avion particulier. Des dizaines de millions de dollars circulent dans les casinos de Las Vegas, Reno, Carson City ou Lake Tahoe. Un casino de moyenne importance emploie de 1 500 à 2 000 personnes et utilise des centaines de machines à sous diverses et une centaine de tables de jeu. L'ordre est assuré par une police privée, en uniforme et armée. L'organisation d'un casino est merveilleuse de raffinement : c'est fait de manière à ce que chacun y laisse le plus de pognon possible ; un circuit de télévision surveille les tables. Si l'une d'entre elles n'a pas d'amateurs, on expédie un type de l'établissement (« Shill » en anglais) qui, par des gains successifs, va inciter les gens à jouer (ce n'est évidemment pas la seule utilisation d'un circuit de télé).

Un casino dispose de nombreux bars et les boissons sont à des prix intentionnellement raisonnables, car sous l'effet de l'alcool, un joueur s'énerve et s'acharne à jouer dans l'espoir de réaliser quelques gains : une telle attitude peut conduire à des pertes catastrophiques : tard dans la nuit, il paraît qu'on peut parfois acheter des vêtements, voire des bagnoles à des joueurs démunis d'argent.

Samedi 6 novembre.

La partie orientale du Lac Tahoe est dans le Nevada et la partie occidentale en Californie. Lake Tahoe City est au sud du Lac, sur la « State Line » c'est-à-dire que dans une partie de la ville il y a les casinos, les boîtes, etc., et de l'autre côté : Balpeau.

Pour aujourd'hui on a projeté de faire le tour du lac en commençant par le Nevada et en revenant par la Californie. On visite l'établissement dans lequel Line Renaud a des intérêts : « Le King's Castle ». Il s'agit d'un hôtel plus un casino avec bars et restaurants. Un truc important qui doit se calculer en millions de dollars. Sur un immense panneau, on indique que Line Renaud est la vedette d'un spectacle... et j'apprends de source sûre qu'elle se trouve à Paris depuis trois semaines. Comprenne qui pourra !

Puis on arrive en Californie. Squaw-Valley n'est pas très loin et il serait dommage de ne pas aller jusqu'à cette ancienne capitale olympique. On fait le détour et là, la grosse déception : si le site est assez remarquable, l'équipement de la station est affligeant : très peu d'hôtels, de bistrots et de boutiques, pas de boîtes ; ce qui est construit dénote une pauvreté de moyens et un manque d'imagination un peu surprenants. Tout cela est froid, peu accueillant.

En ce qui concerne la construction des routes, des immeubles, des voitures et dans bon nombre d'autres domaines, les Américains sont imbattables « quantitativement ». Mais ils ne savent pas apporter la note de bon goût qui rendrait leurs réalisations plus humaines. Tout cela pour vous dire que je n'irai jamais passer mes vacances à Squaw-Valley.

Dimanche 7 novembre.

On rentre à San Francisco et le soir on va prendre un pot chez Monsieur et Madame Antonetti. Je pensais partir demain mais leur fille Alice et moi avons convenu de sortir ensemble demain soir.

Lundi 8 novembre.

Je passe la journée à lire et à écrire mon week-end dans le Nevada. Le soir, je vais chercher Alice et nous sortons dans deux boîtes vachement sélectes. La preuve : il a fallu que je trouve une veste, laquelle composait d'ailleurs bizarrement avec mon jean et mes chaussures de tennis.

Soirée très agréable.

Mardi 9 novembre.

Il y a comme une rivalité entre San Francisco et Los Angeles. Les gens de Los Angeles appellent San Francisco « Frisco », ce qui est très mal vu dans la capitale des hippies, et les gens de San Francisco appellent Los Angeles « Lax ».

Donc, je pars pour Lax à 13 heures. Dans l'avion, je fais la connaissance d'une gentille hôtesse de l'air qui voyage en passagère. Je lui propose d'échanger nos adresses, ainsi on pourra peut-être se revoir. Elle me fait une objection désarmante : « Je suis fiancée. » Les Américaines sont marrantes, elles s'imaginent tout de suite qu'en demandant leur adresse, on veut leur proposer la botte, alors que j'étais loin de penser à ça !

Enfin, c'est pas grave, l'incident est clos.

On se quitte à la descente d'avion. Mon billet est maintenant tout à fait utilisé, et je vais donc recommencer à faire du stop, direction : le Texas. Je partirai samedi et irai voir Monsieur Bamberger, le Texan rencontré en Alaska.

Avant de sortir de l'aéroport, je rencontre le chef d'escale d'Air-France pour lui demander d'acheminer le rapport sur Paris, il dit O.K., je n'aurai qu'à le prévenir dès que tout sera prêt. Il me paie la limousine pour aller en ville et, pour économiser ces quelques dollars, je fais du stop.

Le type qui me prend ne va pas jusqu'au centre-ville, mais après lui avoir raconté mes séjours à Miami, il rectifie sa position car il vit lui-même à Miami.

Et il m'emmène au centre, c'est-à-dire « Donwn Town ». Je flâne dans les rues de Los Angeles, puisque je dois coucher à la belle étoile : ville beaucoup moins attrayante que San Francisco et les gens y sont tristes. Atmosphère à peu près semblable à celle de New York. Sur le tard, je prends un bus pour visiter *avec cinq francs*

les deux quartiers les plus célèbres de l'agglomé-ration de Los Angeles : Hollywood et Beverly Hills.

L'animation à Hollywood, on la trouve sur « Hollywood Boulevard » où il y a de nombreux bars, restaurants, night-clubs et cinémas. Endroit assez mal fréquenté, beaucoup de jeunes dévoyés et de pédérastes. Cela n'a rien du fabuleux Hollywood des années 30. Mais même celui-là a-t-il jamais existé ?

De cette capitale du cinéma, il ne reste que quelques studios dont l'activité n'est pas énorme. Les anciennes vedettes ne vivent même pas à Hollywood, comme on le croit habituellement, mais dans un quartier situé à l'Ouest : Beverly Hills.

Là habitent les personnes les plus riches de la ville. On y voit de chouettes carrées qui doivent passer haut la main le cap des 100 briques et des bagnoles dont le moindre graissage-vidange doit vous soulager de 20 000 balles.

Mercredi 10 novembre.

Vers une heure du matin, je rencontre un Japonais qui m'invite à passer la nuit chez lui.

Pour les gens sceptiques sur la facilité avec laquelle je me fais inviter, je peux leur assurer que je ne fais pas partie de la jaquette, mais j'ai tout simplement de la chance. Il en faut pour faire ce voyage, non !

Je me rends au bureau du directeur des relations extérieures d'Air-France à Los Angeles qui a prévu de faire passer un article dans le « Los Angeles

Herald Examiner ». Il m'invite à déjeuner avec la journaliste, on fait l'interview, puis on se sépare.

Tiens, mais j'y pense : j'ai connu une Américaine à Bangkok, très intéressée par ce que je faisais, mais elle avait de sérieux doutes sur mes chances de succès. Lorsqu'on s'est quitté, elle m'a dit : « Si par hasard, vous arrivez à passer le Pacifique, téléphonez-moi dès votre arrivée à Los Angeles, vous serez le bienvenu à la maison. » Je lui passe un coup de fil et le soir me voici installé chez elle. A l'occasion de mon passage, elle fait une « party » très à l'américaine : beaucoup de boissons et beaucoup de monde.

Jeudi 11 novembre.

Jeannette Martin, c'est le nom de mon Américaine, travaille à Continental Airlines. Elle obtient pour moi l'autorisation de visiter le centre d'entraînement des pilotes et hôtesses. Bien que ce ne soit pas une boîte énorme, elle possède toutefois l'équipement adéquat du fait que nous sommes aux U.S. : un bâtiment très moderne où se trouvent les salles de cours et les simulateurs de vol Boeing 707, Boeing 727 et D.C. 9. Chaque appareil vaut plus d'un million de dollars. Le directeur du Centre, type très sympa, me propose de faire un peu d'entraînement sur Boeing 727.

Le plus gros appareil que j'ai piloté jusqu'à présent a été le D.C. 3, je lui fais donc un truc très moyen à mon goût. Ça a duré 20 minutes.

Quel que soit le résultat, je trouve que c'est formidable de faire du simulateur de vol sur Boeing au cours d'un tel voyage ! Je remercie tout le monde et me casse.

Je passe la soirée devant la télé : expérience assez exaspérante. De la publicité passe toutes les 10 minutes en moyenne, même au cours d'un film. Voyez-vous, on critique l'O.R.T.F. qui le mérite sur beaucoup d'aspects, mais rendons-lui cette justice, le peu de publicité officielle est vraiment une excellente chose.

Vendredi 12 novembre.

Repos intégral.

Samedi 13 novembre.

Jeannette Martin a pu m'obtenir un billet gratuit pour visiter Disneyland. J'y vais donc avec son fils Terry, sa girl-friend et un de leurs amis. Disneyland est un monde merveilleux : des dizaines d'attractions qui enchantent les gosses et même les adultes. Trois d'entre elles m'ont particulièrement plu.

Première attraction : nous sommes dans une salle circulaire de 50 mètres de diamètre environ. La paroi est recouverte de 9 écrans. On projette un film sur la vie aux U.S. et chaque image projetée sur un écran est complétée par l'écran suivant et ainsi de suite, de sorte que l'ensemble donne au spectateur l'impression d'assister vraiment à la scène filmée, puisqu'en tournant sur lui-même il a une vue totale du paysage. Cette forme curieuse de documen-

169

taire déséquilibre le spectateur à telle enseigne qu'une séquence tournée dans un avion en cours de virage a donné l'impression que la salle basculait et de nombreuses personnes, surtout parmi les filles, se sont mises à crier. Les spectateurs sont debout et se tiennent à des rampes, donc aucun risque de chute collective !

Deuxième attraction : Il s'agit d'un discours du Président Lincoln. Un robot ayant les traits du Président est assis dans un fauteuil, on dirait vraiment un être humain. Il se lève et fait un discours : une vraie merveille de précision dans la synchronisation des paroles et des mouvements des lèvres. Le Président sourit parfois, fait cligner et bouger ses yeux. Ses bras et ses mains se déplacent avec agilité. C'est assez extraordinaire.

Troisième attraction : « Les pirates des Caraïbes. »

On monte dans des barques et on part à la rencontre des pirates. On assiste à des batailles de navires, à des beuveries, à des poursuites entre pirates et femmes dans un bordel, et j'en passe. Le tout animé par un ordinateur qui commande les robots. Remarquable !

Un peu avant la fermeture, les personnages de Walt Disney défilent dans les rues de Disneyland, accompagnés par une fanfare. Je m'amuse comme un gamin à serrer la main de Mickey-Mouse ! Voyez, Monsieur Disney, on ne pourra jamais vous oublier, vous avez fait des choses tellement merveilleuses pour les enfants !

Nous vidons les lieux car il se fait tard. Terry m'invite à dîner, puis me dépose à une entrée de l'autoroute pour faire du stop. Direction Las Vegas, puis le Texas.

Il est 21 heures et le samedi soir peu de voitures circulent vers l'extérieur de Los Angeles. J'arrive en trois ou quatre étapes à San Bernadino (50 miles de « Lax »). Mon dernier auto-stoppé est d'ailleurs un pédé qui me dit froidement que si ça m'intéresse je n'ai qu'à me servir. La bagnole suivante est conduite par un type saoul. Il n'est pas ivre mort, mais il a suffisamment ingurgité d'alcool pour mériter d'aller faire un tour dans les prisons américaines (aux U.S. les flics ne sont pas tendres)... et pour faire un détour de 100 kilomètres de manière à me rendre service !

Dimanche 14 novembre.

Barstow, 3 heures du matin.

Après une heure d'attente, une voiture s'arrête. Je retombe sur un ivrogne (décidément les ricains picolent méchamment le samedi soir). Cet ivrogne-là est véritablement ivre-mort, incapable de conduire... et il se paie allègrement un petit 120 sur l'autoroute, allant sans complexe de droite à gauche de la chaussée, et parfois sur les bas-côtés. Voyant cela je me fous en rogne, lui dis qu'il est complètement ivre, qu'il n'est pas capable de conduire en toute sécurité, et qu'il ferait mieux de me laisser le volant.

Il ne faut jamais vexer un ivrogne et là j'ai manqué de diplomatie : il ne veut rien savoir et me fait la gueule.

Il est 4 heures du matin, j'ai terriblement sommeil, mais je me cramponne car je dois souvent récupérer la bagnole par un petit coup de volant dans le bon sens ; une demi-heure plus tard je lui place ma botte secrète : je lui dis qu'il a une belle bagnole (ce qui est vrai), puissante et tout. « Vous voudriez me la faire essayer ? »

Le type se gare, prend ma place et s'endort. On arrive au petit matin à Las Vegas, il fait un temps splendide. Je vous situe le patelin : du désert tout autour d'une ville faite de casinos, night-clubs, bars et hôtels. Je passe devant l'aéroport et m'y arrête pour prendre une tasse de Caoua. Lorsque je reviens à la bagnole, une voiture de flics stationne en parallèle : un flic regarde à l'intérieur, prend les clés de contact et attend le retour du chauffeur, en l'occurrence ma pomme. Je lui demande ce qu'il veut, il me désigne mon auto-stoppé recroquevillé en fœtus, ne bougeant pas, et demande d'un air suspicieux s'il est mort ! Je lui réponds qu'il m'a pris en stop et comme il était très fatigué, il m'a laissé conduire, à présent il dort très profondément. Le flic lui prend le pouls et le fouille pendant qu'un autre me tient à l'écart de la voiture et me fouille aussi. Les poulets américains sont des gens futés et ils comprennent tout de suite que ce monsieur n'a pas passé sa soirée à boire du coca-cola : ils l'embarquent ainsi que sa bagnole.

Je vois que l'un d'eux m'a à la bonne, alors je lui joue le grand jeu :

« L'ivrogne pourrait croire qu'il a des ennuis avec la police par ma faute, alors je ne tiens pas à rester plus longtemps à Las Vegas. Pourriez-vous m'emmener sur la route de Phoenix pour faire du stop ? » Il me répond : « OK Boy ! »

Je traverse l'Arizona à toute vibure, puis le Nouveau Mexique, et à 2 heures du matin je suis dans une petite ville située à quelques dizaines de kilomètres du Texas : Las Cruces. J'ai réussi à dormir dans la journée car j'ai été pris sur 500 kilomètres par un type habitant dans son Estafette, donc il avait un plumard !

Lundi 15 novembre.

Après quatre heures d'attente, c'est-à-dire vers 6 heures du matin je suis pris par un Texan qui va précisément à San Antonio, soit à 1 000 bornes de Las Cruces. Je ne peux pas vous dire grand-chose sur les villes près desquelles nous passons puisque nous sommes sur une autoroute. Retenez que les Texans ont fini par troquer leurs canassons contre des Chryslers mais qu'ils sont toujours coiffés de l'inévitable chapeau de cow-boy.

Nous longeons le Rio Grande (abondamment cité dans l'Histoire du Far-West) : c'est le Mexique de l'autre côté du fleuve.

Aux étendues désertiques du Nevada, a succédé progressivement un paysage verdoyant et étincelant de soleil. Il est vrai que le Texas est l'Etat le plus ensoleillé des U.S.A.

Le monsieur qui m'a ramassé est un m'sieur dame, alors il me fait du gringue. Il a essayé de me passer une pogne sur la cuisse, mais je vous donne ma parole d'honneur qu'il n'essaiera pas une deuxième fois.

Après cet incident, il boude. Lorsqu'on s'arrête, il mange ou boit en juif alors qu'au départ il m'avait payé un solide breakfast.

On arrive à San Antonio à 17 heures. Onze heures de voyage pour 1 000 kilomètres, c'est pas mal les copains ! Je vais chez Monsieur Bamberger (à pince puisque l'autre m'a largué à l'entrée de la ville). Sa famille est toute heureuse de me recevoir.

Les Bamberger habitent un pavillon (comme un grand nombre d'Américains) très confortable : cuisine ultra moderne, trois chambres, trois salles de bains, petit et grand salons, salle à manger, le tout meublé avec raffinement.

Mardi 16 novembre.

J'ai fait 2 500 kilomètres en moins de deux jours presque sans dormir, alors je me lève à une heure de l'après-midi. Je tape ensuite le carton avec ces dames du Club de Bridge que reçoit Madame Bamberger. Elles sont toutes aux anges d'apprendre qu'un petit « Frenchy » (c'est le surnom qu'elles m'ont donné) fait le tour du monde avec un dollar in the pocket.

Et j'achève la conquête de cette charmante famille en faisant un dîner à la française !

Mercredi 17 novembre.

Je me repose. Le soir, je fais le dîner et tout le monde est ravi.

174

Jeudi 18 novembre.

Idem.

Vendredi 19 novembre.

Idem. Une petite nuance tout de même : c'est une soirée vachement huppée, avec robes longues et tout, alors je me surpasse pour la cuisine.

J'ai droit aux félicitations du jury.

Samedi 20 novembre.

Mes projets pour la suite de ce voyage : je pourrais faire peinardement du stop jusqu'à New York, y trouver un petit job tranquille pour me payer le voyage jusqu'à Paris et mon tour du monde serait terminé. Eh bien je dis NON. Je dis non parce que vous qui avez acheté ce livre, êtes en droit de me demander de l'excitant, du sensationnel. Vous aimeriez que j'ai des maladies, que je fasse une mauvaise chute, que je crève de faim, ou que je fasse de la prison pour vagabondage. Or, je reconnais que, jusqu'à présent, j'ai fait un voyage facile.

Alors, dernière chance, je vais faire un tour du côté de l'Amérique du Sud via le Mexique et l'Amérique Centrale, et après seulement je rentrerai en France.

Ah, j'oubliais de vous dire, je vais travailler pendant une semaine comme cow-boy.

Dimanche 21 novembre.

On passe la journée à *l'un* des ranchs de Monsieur Bamberger.

On se déguise façon cow-boy, puis on parcourt à cheval des centaines d'hectares de prairie qui sont la propriété de Monsieur Bamberger

Lundi 22 novembre.

Un journaliste me fait une entrevue puis je rentre à Houston en stop de manière à remettre mon rapport à Air-France qui a un vol direct sur Paris.

Houston est une ville absolument énorme, où se rendre à l'aéroport prend le même temps que le trajet Paris-Nice en avion. Le type qui m'a ramassé à San Antonio est très impressionné par mon boniment, il décide donc d'apporter sa contribution à mon entreprise en me conduisant jusqu'au terminal d'Air-France. Chose très appréciable car, non seulement le trajet ville-aéroport est long, mais de plus c'est le même foutoir que pour se rendre à J.F.K. Airport (New York). Un étranger s'y perd, aussi sûr que deux et deux font quatre. L'escale d'Air-France me reçoit très gentiment : ils mettent ma littérature à bord de l'avion et m'offrent le dîner en prime.

Mardi 23 novembre.

Je repars vers minuit sous une pluie battante. Me voilà une véritable éponge vivante. La flotte s'infiltre partout. Ben oui, quoi, P.A.R.T.O.U.T. !

Les ricains ne veulent pas mouiller leurs belles Cadillacs, alors j'attends deux heures avant de trouver quelqu'un qui veuille bien... se mouiller. Je parviens à destination à 8 heures et m'endors aussitôt en rêvant de cette maudite pluie.

Mercredi 24 novembre.

Repos intégral : bridge - échec - discussions - déjeuner - bridge - échec - discussions - dîner - télévision.

Jeudi 25 novembre.

Le dernier jeudi du mois de novembre est un jour férié aux U.S. : le « Thank's Giving day ».
Les Bamberger ont invité toute la famille au ranch pour un gueuleton à l'américaine : dinde à la confiture, pâtisseries dégueulasses et j'en passe. Je les aime bien, les ricains, ils sont braves, mais ils ne savent vraiment pas faire à manger. On tue le temps en faisant un peu d'équitation : c'est normal au Texas de faire du canasson.

Vendredi 26 novembre.

Je rentre en ville plus tôt que mes hôtes afin de demander un visa pour le Costa Rica et le Honduras et téléphone à Montréal pour annoncer ma visite à mon ami Albert : un très chic type connu en Floride il y a deux ans, qu'il serait dommage de ne pas aller voir, Montréal n'étant jamais qu'à 3 200 kilomètres du Texas.

Samedi 27 novembre.

Retour au ranch où je joue les Billy le Kid avec un vrai « 6 coups », comme ceux que l'on voit dans les westerns.

Dimanche 28 et lundi 29 novembre.

Madame et sa fille, Deena, sont aux petits soins pour le « Frenchy » ; elles me font du raccommodage. Vous imaginez bien qu'après six mois de voyage une petite remise en état de mes vêtements s'imposait.

Je prépare l'itinéraire : je pense passer par la Louisiane, le Mississipi, l'Alabama, le Tennessee, l'Indiana, l'Ohio, la Pennsylvanie, l'Etat de New York, puis le Canada. Avec un peu de chance, je peux couvrir les 3 200 kilomètres en deux jours et demi, en partant demain matin, je peux arriver jeudi soir.

Mardi 30 novembre.

Vous aimez qu'on vous réveille lorsque vous en écrasez dans un lit confortable ? Moi pas du tout.

C'est l'impression désagréable d'un réveil brutal que je ressens ce matin ; je viens de m'arracher à la tranquillité et au confort d'une vie familiale et me voici à nouveau tributaire des conditions de ce pari. Parfois il s'agit d'une contrainte, parfois les risques de cette aventure sont une délivrance, une manière d'agir librement par opposition à la foule de soumissions, d'abnégations que présente une vie dite « normale ».

Le matin donc, c'est la contrainte, la prison ! je suis en prison sur le bord de cette putain d'autoroute qu'il faut suivre jusqu'à Montréal. « Au revoir et faites encore de nombreux et beaux petits cow-boys chers amis Texans ! »

Un jeune me fait parcourir les 300 kilomètres du trajet San Antonio-Houston. Il me largue à Downtown (Centre-Ville) et c'est tout un poème pour sortir de cette énorme vilile. Finalement, une femme s'arrête, qui offre de me conduire sur la route de la Nouvelle-Orléans... et un repas car c'est l'heure du déjeuner.

Je suis assez surpris qu'une femme seule dans une voiture se soit arrêtée : c'est très rare aux U.S. Seulement que voulez-vous, le légendaire charme français, quoi ! Ça les impressionne les ricaines de voir du bleu-blanc-rouge derrière un sac à dos. Balancez-y deux mots en Français et vous n'avez plus qu'à vous servir...

Ces quinze jours de repos au Texas m'ont mis dans une forme excellente, aussi je décide de faire un peu de marche sur l'autoroute en attendant d'être ramassé. Si je me fais pincer ça va coûter cher car la police américaine ne plaisante pas. Et puis merde, je m'en fiche.

Des ouvriers habitant la Louisiane, donc anciennement la France (jusqu'à Napoléon, puisque ce dernier l'a vendue pour quelques dollars : les Fran-

çais ont toujours eu le sens des affaires) me prennent et nous parlons en français. Leur accent me
rappelle celui, si sympathique, des Canadiens français ; ils roulent les RRR et traînent sur les mots.

Et vivent la Bourgogne et les bourguignons !

Encore 250 bornes pour New-Orleans et il est
déjà 16 heures. Tiens, une femme s'arrête. Encore !
Cette fois-ci le sujet est intéressant : une jeune et
belle brune habillée avec goût, chose rare de la part
d'une Américaine. Elle me déclare tout bonnement
qu'elle a des ennuis avec son mari, en conséquence
elle désire avoir un peu de compagnie pour oublier
ses préoccupations. Trois hypothèses : 1°) elle pense
vraiment ce qu'elle dit, auquel cas je n'aurai qu'à
lui raconter quelques blagues gentilles pour la dis-
traire un peu de ses ennuis matrimoniaux ; 2°) elle
dit ça, manière de parler ; 3°) elle veut un cours
d'anatomie comparée, et là il s'agit d'un méchant
appel à grands coups de pompes dans les chevilles.

Réflexion faite, j'opterais pour la troisième
hypothèse. Affaire à suivre... de près. Je lui parle de
mon voyage, puis de mes projets immédiats : visiter
New-Orléans avant de poursuivre vers le Mississipi.
Elle va précisément dans le Mississipi, mais elle dit
banco pour la visite de la prestigieuse capitale du
jazz, soit un détour de 150 kilomètres par rapport à
l'itinéraire qu'elle s'était fixé. Nous ne sommes plus
très loin car nous venons de passer la « Mississipi
River ».

On dispose de peu de temps, donc notre visite
de la ville se limite au « French Quarter » (quartier
français).

180

Barbara (c'est le blaze de ma compagne) et moi consacrons près de deux heures à la visite de ce quartier dont les maisons rappellent étrangement une petite ville tranquille et provinciale de la France du XIXe siècle. L'atmosphère est semblable à celle de Grenwich-Village, à New York : le quartier à touristes, sillonné de rues plutôt étroites dans lesquelles foisonnent les restaurants (français), bars, boutiques et boîtes de nuit. De nombreux orchestres diffusent de la musique de jazz. Les portiers font du racolage en vantant la beauté de leurs entraîneuses qui font une exhibition un peu particulière : l'une de ces jeunes femmes, habillée très légèrement, est installée sur une balançoire se trouvant à l'intérieur de l'établissement. La trajectoire se trouve calculée de telle façon que les passants se promenant dans les rues voient la jeune femme apparaître à la fenêtre à intervalles réguliers et pendant un court instant. Formule amusante et originale pour vanter les attraits d'un night-club ! Dans le French Quarter sévissent également des boîtes à travestis à la porte desquelles ces M'sieurs Dames (ça dépend de quel côté on se place) proposent leurs services à la population. Voici donc les quelques images recueillies lors de notre passage à New-Orléans.

Vers 22 heures, nous quittons la ville par le pont Pontchartrain qui traverse le lac du même nom. L'ouvrage a 50 kilomètres de longueur environ. Puis nous empruntons (à 8 %) l'autoroute menant à Jackson, destination finale de Barbara. Le paysage me rappelle la région de Lake Tahoe au Nevada : de splendides forêts de sapins s'étendent à perte de vue. Il y a un très beau clair de lune, et qu'on le

181

veuille ou non, c'est un truc qui facilite le rapprochement des corps.

Barbara décide qu'elle est fatiguée et l'on s'arrête sur une aire de repos (Rest-area)... qui n'en est pas une en l'occurrence car chacun sait que lorsqu'une ricaine est en rut, il faut fournir les mecs !

Mercredi 1ᵉʳ décembre.

Minuit et c'est la levée des couleurs. Les amortisseurs de la voiture soupirent encore quelques fois, on se remercie, on se félicite, puis on poursuit bravement notre route.

On veut s'arrêter pour prendre un caoua, mais comme on vient de changer d'Etat (on est au Mississipi), donc de LOIS, les bistrots d'ici sont contraints de fermer à minuit.

Barbara, c'est vraiment du bel article et j'ai de la nostalgie de partout lorsqu'elle me largue en pleine nuit à l'est de Jackson devant une petite station-service minable. Il fait froid, il pleut maintenant, pas un chat dans les rues, bref endroit follement gai ; je m'apprête à en écraser dans le bureau du pompiste lorsqu'une bagnole s'arrête.

Et le chauffeur, un grand balaise, sympa, pilote d'hélicoptère au Vietnam siouplaît, me prend sur 400 bornes.

Au petit matin on voit un panneau « Welcome to Alabama ». L'Alabama, région pas du tout touristique, plate et triste, a peu de ressources et peu d'activités industrielles, donc n'est pas très peuplé. Dans les petites villes que nous traversons, on rencontre beaucoup de maisons en bois et, de toute évidence, cette région n'a pas l'opulence très m'as-tu-vu de la Californie ou de la Floride.

Monsieur le pilote fait 100 bornes en rabe car « il a le temps et ça lui fait plaisir de discuter le bout de gras avec moi ».

Voilà les ricains : capables de faire les trucs les plus invraisemblables pour vous aider, également capables de vous laisser crever si vous ne leur bottez pas.

A 10 heures, toujours du matin, on se sépare à Athens, située à quelques dizaines de kilomètres au sud de Nashville. Après une attente d'une bonne moitié d'heure, une âme charitable s'arrête. L'âme susnommée va jusqu'à Toronto-Canada et s'avère toute contente de me prendre : il reste 1 200 bornes et ce sera plus facile si je fais un brin de conduite de temps à autre.

L'âme est un monsieur dans le civil, professeur et recherchiste à l'Université de Toronto. Sa spécialité, au docteur Sandham : les dents. On fait un marché : tous mes repas seront payés en échange de ma « présence » dans sa chiotte, et, à l'occasion, je le remplacerai au volant. On traverse à toute vibure le Tennessee, le Kentucky, l'Indiana, et, tard dans la nuit, nous arrivons à Cleveland (Ohio). La route a été excellente, le temps splendide. Quelques mots sur le trajet : remarquable réseau d'autoroutes « très roulant » car nous n'avons pas à traverser les grandes villes (cauchemar de l'automobiliste en France) telles que Nashville, Louisville, ou Cincinnati, qui possèdent leur propre réseau d'Expressway pour aller d'un point à un autre de la ville. L'entrée d'une ville américaine est impressionnante : on y voit la superposition de 3, 4 ou 5 autoroutes dont chacune dispose de 6, 8 ou 10 bandes de roulement. En arrière-plan, il y a des gratte-ciels qui font la pige à la Tour-Eiffel.

Eh oui ! les ricains, lorsqu'ils font quelque chose, ils mettent le paquet. Tenez, prenez la guerre du Vietnam !

Les autoroutes abondent, certes, mais pour les panneaux indicateurs, c'est le désordre et croyez-moi je m'y connais (les meilleurs dans ce domaine sont les Allemands). Une fois, une signalisation insuffisante nous a valu un détour de 50 kilomètres.

Aux U.S. l'automobiliste est très « protégé ». Les flics ne sont pas des tendres et les règlements très stricts. En cas d'infraction la police vous secoue vite fait 50 à 100 dollars. Les péchés capitaux sont les suivants : l'excès de vitesse... et aussi le manque de vitesse, car il y a souvent une vitesse minimum, le jet d'objet sur la route, le stationnement interdit, le fait de picoler à bord d'une bagnole.

Les camions, qui circulent d'ailleurs en grand nombre, doivent obligatoirement s'arrêter aux « Weight Stations ». Les « Weight Stations » sont des bureaux de pesage situés en bordure de la route et dont le rôle est de contrôler si la charge transportée est conforme aux limitations marquées à l'extérieur du camion.

Le passage d'un Etat à un autre est parfois l'occasion d'un contrôle de tous les véhicules ; bien que l'on soit aux Etats-Unis d'Amérique, l'Arizona par exemple ne voudra pas hériter des microbes du

Nouveau-Mexique, ainsi ce contrôle vise surtout les denrées périssables.

Jeudi 2 décembre.

Nous arrivons tard dans la nuit à Cleveland. Ce non-stop de 800 kilomètres a lessivé le docteur Sandham, aussi décidons-nous de nous restaurer dans l'un des nombreux snacks jalonnant l'autoroute. Nous parlons longuement des U.S. Quelques divergences mais nous parvenons à un accord : les Américains sont des gens remarquables dans de nombreux domaines, mais ils ne savent définitivement pas faire la cuisine et encore moins s'habiller. Surtout les nanas : elles sont d'un mauvais goût génial. Quand je pense qu'il y a quelques années un comité d'Américaines a déclaré que Madame de Gaulle était la femme la plus mal habillée du monde ! L'hôpital qui se fout de la charité, je vous dis ! Après avoir fait le plein de nos dignes personnes, nous allons ravitailler la bagnole dans une station-service. La multiplicité des marques d'essence, et aussi des prix de l'essence sont frappants. Ces prix varient d'un Etat à un autre, et à l'intérieur du même Etat. Lors d'une guerre des tarifs, le prix moyen de l'essence, d'ordinaire à 0,50 francs le litre, peut tomber à 0,28 francs. C'était le cas au Texas. Donc, consécutivement à cette multiplicité des marques d'essence, chaque compagnie essaie de procurer au client le meilleur service possible. Ainsi, on peut avoir des cartes routières dans toutes les stations, un service rapide par un système de sonnerie qui avertit le pompiste de la présence d'un client, des services annexes tels que le lavage du pare-brise, sans avoir à donner de pourboire (le pourboire n'existant pas dans les stations-services). L'automobiliste ne sort généralement pas de sa voiture ; il donne les clés au pompiste pour qu'il fasse le plein puis paye la plupart du temps au moyen d'une carte de crédit.

On vient tout juste de sortir la « carte bleue ». Mais patience les copains, on va bientôt s'y mettre, nous aussi aux morceaux de plastique qui nous permettront d'acheter n'importe quoi (des vacances autour du monde par exemple !) sans avoir à montrer la moitié d'un quart de centime !

Perspectives plus réjouissantes que l'état de la route : une tempête de neige vient de commencer qui augmente d'intensité au fur et à mesure de notre progression. Le docteur Sandham adopte la vitesse escargot avec des pointes téméraires de 40 kilomètres à l'heure.

Buffalo est encore à 250 kilomètres. Buffalo, c'est où ça... Buffalo...

Je viens de me fendre d'un bon sommeil de trois heures. Les deux nuits que je viens de passer sur les routes américaines sont semblables au paysage, c'est-à-dire presque blanches. On passe Buffalo, puis c'est la frontière ricano-canadienne. Il est 8 heures. Le docteur commet l'irréparable erreur de dire que son passager est un auto-stoppeur, alors j'ai droit à des tas de questions. On me demande entre autre si j'ai de l'argent (condition sine-qua-non pour être admis au Canada).

Enfin je suis passé maître dans l'art d'emberlificoter les douaniers et les officiers d'immigration de bon nombre de pays. Aussi, vous épargné-je les détails. Résultat : on me donne deux mois de séjour !

Nous allons diluer notre émotion dans un café crème.

Après nous faisons comme Chateaubriand, nous nous payons la visite des Chutes du Niagara. C'est grand ! Grandiose ! Gigantesque ! Puissant ! Magnifique ! C'est plein d'eau quoi ! Deux chutes principales, une américaine et une canadienne. Bref ce spectacle me laisse pantois.

Après une demi-heure de contemplation, nous poursuivons gentiment notre train-train. A 11 heures, nous arrivons à Toronto : terminus, tout le monde descend. Merci docteur, vous avez été formidable !

Livré aux rigueurs du froid canadien avec mes « Patrick » aux pieds et un imperméable en plastique sur le corps, je vous assure que j'en mène pas large.

Le gentillesse des Canadiens m'a aidé à faire l'étape Toronto-Montréal sans trop de problèmes. En cours de route, certains m'ont offert des cigarettes, d'autres à manger, quelqu'un m'a même proposé une paire de bottes ; à un moment j'ai dû attendre une heure par une température de — 15° et un vent glacial. Il vous est arrivé de ne plus pouvoir articuler un mot ? Non ? Eh bien moi, oui ! Et dans mon cas ça gêne énormément, car je suis habituellement un affreux bavard, paraît-il. Là le froid me coupe le sifflet. J'arrive à Montréal à 21 heures et appelle Albert, l'ami qui est la raison de ce voyage Texas-Montréal. En attendant qu'il vienne me chercher, je vous fais le bilan : j'ai parcouru 3 200 kilomètres en deux jours et demi ! Faut le faire homologuer, hein !

Albert arrive, on se serre la pince pendant un bout de temps : ça fait plaisir de revoir les amis. Je lui dis que je pense rester quelques jours seulement mais Albert n'est pas d'accord : « Tu passeras les fêtes à Montréal et tu vas faire des programmes de télé et de radio. » Malgré l'heure tardive, nous faisons une visite à l'amie d'Albert qui veut me trouver des émissions. Elle est mariée à un grenoblois, Charles ; alors on est tout de suite sur la bonne longueur d'ondes entre concitoyens. D'ailleurs ils trouvent mon voyage très sympathique (moi aussi, merci) et méritant une assistance adéquate. L'harmonie est parfaite. On me fait picoler un cognac made in France, de manière à récupérer quelques calories, puis on se serre la main en convenant d'un rendez-vous demain.

Albert m'installe chez lui, le lit est prêt. Alors attention, je compte jusqu'à 10 : 1, 2, 3, 4...

Vendredi 3 décembre 1971 au samedi 8 janvier 1972.

Meilleurs vœux à tout le monde !

Je fais un grand saut d'un mois, non par paresse, mais parce qu'il arrive un temps où un voyageur se fatigue des voyages. J'ai donc prolongé mon séjour à Montréal et j'ai renoncé à mon voyage en Amérique du Sud. Séjour riche en événements, en amitiés nouvelles, riche de la richesse de cœur des Québecois : j'ai connu au Québec les gens les plus sympathiques, les plus généreux, les plus hospitaliers jamais rencontrés au cours de ce périple. Grâce aux confortables cachets attribués au cours des quelques dix émissions de télévision et de radio, j'ai pu assurer mon retour en France en avion et en première classe, rembourser Philippe Quien (le P.D.G. de la Société de pinard de Bordeaux qui m'avait prêté de l'argent à Hong-Kong), ouvrir un compte en banque au Canada.

Grâce à la gentillesse touchante des Canadiens (et aussi des Canadiennes qui se sont montrées... très accueillantes) et en particulier de mon ami Albert, j'ai passé un mois sans aucun problème financier si je considère toutes les invitations et les assistances financières dont j'ai bénéficié.

Quelques mots sur Montréal : La deuxième ville de langue française au monde a 1 400 000 habitants. Très agréable avec ses larges artères, ses nombreux bars, restaurants, grands magasins, et ses très jolies filles ! La ville a quelques grands édifices à l'américaine, comme « Place ville Marie » ou « Place Bonaventure » constitués de la façon suivante : les étages sont des bureaux pour le premier édifice, un hôtel pour le second ; le rez-de-chaussée et surtout le sous-sol groupent plus d'une centaine de boutiques ou restaurants. Cela permet aux Montréalais de faire leurs achats à l'abri des redoutables intempéries qui sévissent l'hiver (il n'est pas rare d'observer des températures de — 30 ou — 40°) ; les urbanistes ont même mis au point un ingénieux système de communications souterraines entre les différents édifices et le métro (même chose à Tokyo).

On se déplace très facilement à Montréal : bon réseau d'autobus et de métro, de nombreux taxis.

Un touriste venant de France ne peut pas s'ennuyer à Montréal : la ville est attrayante par le dépaysement qu'elle constitue en tant que cité ultra moderne, par ces monuments (l'Oratoire Saint-Joseph, bâti à la mémoire du Père André qui a guéri des milliers de handicapés), par l'accueil de ces habitants. Le Français est un peu le grand frère car il parle la même langue que le Québecois : à l'origine, l'un et l'autre avaient une patrie commune : la France.

Mais le Québecois n'a pas toujours beaucoup d'estime pour le Français de France (on nous qualifie parfois « de maudits Français »). Il y a à cela deux raisons principales : L'isolement ressenti par la population de langue française par rapport à la population de langue anglaise, aggravé par le fait que la France ne se préoccupe plus de défendre les intérêts des Canadiens français depuis que le Canada est devenu terre anglaise. Voilà la raison profonde, subconsciente. La raison immédiate est que le Français venant au Canada est considéré comme un personnage sachant tout, voulant tout casser. Bref, la réputation d'un imbuvable prétentieux pas facile à vivre.

En dépit de ce handicap, j'ai réussi à faire en sorte que les Québecois s'intéressent à mon histoire, et vous connaissez tous les résultats.

Le passé « Français » du Québec demeure. Nous avons en commun la langue et le goût de la bonne chère (cuisine excellente à Montréal). Contrairement au Français, le Québecois est une personne très ouverte, ayant une vie un peu à l'américaine, faite de « party », de rencontres entre parents et amis. C'est un être très communicatif.

Leur accent et leur vocabulaire sont très marrants. Ils ont un peu l'accent pompidolien, c'est-à-dire auvergnat.

Au début je pigeais difficilement, d'autant plus que les mots utilisés ne sont pas toujours les mêmes que chez nous : beaucoup de formules traduites littéralement de l'anglais (à cause du voisinage avec les rois du Roastbeef) :

1°) Prendre une marche (to take a walk) qui veut dire se promener.

2°) Une couple de fois (a couple of time) qui veut dire deux fois.

3°) Cancellé qui veut dire annulé (de l'anglais Cancelled).

4°) Trouble, qui veut dire ennui (de l'anglais trouble), etc.

Donc un Français comprend difficilement :

— l'accent des Canadiens français,

— les mots ou expressions traduites littéralement de l'anglais,

— les tournures idiomatiques québecoises.

Au Québec, il y a une résistance contre le fran-anglais dont on est victime en France. On dira « Salle de Quilles » au lieu de « Bowling » et « magasiner » au lieu de « faire du shopping », etc. On échappe même au dollar puisqu'on l'appelle piastre ! Bref, il m'a bien fallu un mois pour comprendre sans problème ce que me disaient les chauffeurs de taxi dont le langage n'est pas toujours particulièrement soigné. Ce langage « abâtardi » s'appelle Joual. Bon nombre de Français visitant le Canada taxent allègrement le français parlé au Québec de vulgaire. Définitivement et rigoureusement pas d'accord !

191

Montréal est une ville très cosmopolite, de fortes minorités y vivent : Françaises (40 000), Hongroises, Grecques (une avenue importante de Montréal n'a que des boutiques dont les enseignes sont écrites en grec), Italiennes et Espagnoles.

Pouvoir d'achat beaucoup plus élevé qu'en France : de nombreuses personnes, même parmi les ouvriers, sont propriétaires de maisons très confortables (lorsque j'ai dit que la salle de bains était presque encore un luxe à Paris, nos chers cousins d'Amérique se sont un peu marrés !), beaucoup sortent souvent au spectacle.

Les professions sont très réglementées : obligation de se syndiquer dans certaines corporations, obligation de fermer boutique à certaines heures et certains jours.

Dans toute l'Amérique du Nord, les autorités luttent contre la consommation d'alcool ; et le Québec a trouvé la solution en centralisant la vente des boissons alcoolisées par l'intermédiaire d'un office appelé « Régie des alcools » qui a créé des magasins dont l'inconvénient est qu'ils sont ouverts pendant les heures de bureaux seulement et qu'il faut parfois faire plusieurs kilomètres pour acheter une bouteille de pinard.

Pas question d'acheter son pastis chez l'épicier du quartier le dimanche en revenant de la messe !

Au Québec les gens communiquent véritablement : chacun peut dire ce qu'il pense, aussi bien à la télé, à la radio que dans les journaux : scandale énorme et non étouffé lorsqu'on a su que le chef de la police avait accepté un téléviseur en échange de « services rendus » ; gros scandale lorsqu'on a su qu'un hôpital était resté sans téléphone pendant plusieurs jours. Il est vrai qu'au Canada, si on demande l'installation d'une ligne, on l'obtient en DEUX JOURS alors qu'en France il faut attendre DEUX OU TROIS ANS !...

(N.B. : Le téléphone c'est une Compagnie privée qui s'en charge.)

Revenons aux loisirs des Québecois. Beaucoup de concerts, de pièces de théâtre, de films dans lesquels on développe souvent des idées indépendantistes. Mais le spectacle le plus prisé au Canada demeure le Hockey. J'ai eu la chance d'assister à un match de Hockey, la chance parce que bien souvent, les 16 000 places du Forum de Montréal sont réservées plusieurs semaines, voire plusieurs mois. à l'avance. 16 000 personnes suivent avec passion le ballet du palet (elle est bonne, hein !). Lorsqu'il y a un arrêt de jeu, un organiste joue quelques accords et les spectateurs rythment en frappant dans leurs mains : lorsqu'un point se trouve marqué, 16 000 personnes se dressent en criant leur joie, véritable bourrasque, puissante et généreuse.

La gentillesse des Québecois s'est donc concrétisée de magnifique façon par les multiples invitations à des dîners, des cocktails, par l'accueil de mon ami Albert, un personnage remarquable, et en finale...

Samedi 8 janvier.

... Une animatrice de radio célèbre au Canada me téléphone pour me dire que la Compagnie Air-

Montréal m'offre deux semaines de vacances en Jamaïque, transport par avion et séjour payé !

Départ demain.

Dimanche 9 janvier.

Départ triomphal pour la Jamaïque, triomphal car de nombreuses personnes m'ont reconnu et je n'arrête pas de me raconter, de me faire photographier, même de faire des annonces au micro dans le 747.

Mes quinze jours de vacances sous le soleil des Caraïbes sont à l'image de ce périple autour du monde : comme un formidable rêve.

Dimanche 23 janvier.

Je retrouve la froideur montréalaise.

Jeudi 27 janvier.

Je regagne mon pays après 240 jours de voyage et dans des conditions de confort qui sont une manière d'apothéose, pour quelqu'un entreprenant un tour de terre avec 5 francs symboliques : dans un avion d'Air-France... et en première classe.

Vendredi 28 janvier.

L'hôtesse annonce : « Dans quelques minutes, nous allons atterrir à l'aéroport de Paris-Orly, veuillez... »

Je verse ma petite larme. Paris enfin ! Je vois une flopée d'avions d'Air-France et d'Air-Inter. Je reconnais la tour de contrôle et l'aérogare.

Y a pas de doute, je suis vraiment chez nous !

A ma descente d'avion l'équipe du journal et la presse sont là. Je leur fais le V de la victoire.

CONCLUSION

Je rentre à Paris avec les 5 francs que j'avais au départ. Le pari est gagné. J'ai fait un tour du monde de 60 000 kilomètres qui s'est fort bien passé puisque j'ai été rarement malade, et bien qu'ayant parfois souffert de la faim en Asie, à mon arrivée à Orly je pesais 3 kilos de plus qu'au départ.

Mis à part le vol de ma montre en Inde, mon équipement n'a pas souffert d'autres amputations ; il pesait 32 kilos le 2 juin 1971, il pesait 39 kilos le 28 janvier 1972.

Il ne s'agissait pas de faire une apologie du parasitisme.

Une présentation correcte et un effort de compréhension et d'amitié à l'égard des gens sont les atouts les plus sûrs pour mener à bien une telle entreprise.

Un journaliste a titré à mon retour : « Lavarède, public-relations ». Voilà la raison pour laquelle j'ai réussi mon tour du monde avec 5 francs : il faut s'ouvrir aux autres, aimer les gens et les comprendre, il faut s'épanouir, rayonner et ne pas avoir l'attitude méfiante et égoïste qui est malheureusement trop typiquement française.

Ce périple, qui s'est donc déroulé comme une immense chaîne de solidarité, démontre qu'à notre époque, en dépit des nombreux conflits qui meurtrissent le monde, en dépit des difficultés de communications entre personnes de races, de langues ou de cultures différentes, il existe une fraternité universelle réconfortante qui prouve l'inutilité et la fatuité des ambitions des politiciens en même temps qu'elle donne un espoir de paix.

J'espère que vous avez senti cela dans ce livre, j'espère aussi que j'ai réussi à vous faire voyager avec moi, loin, très loin, au bout du monde.